U0920080

四川省依法治省第三方评估报告（2016）

·
·
·

中国社会科学院国家法治指数研究中心
中国社会科学院法学研究所法治指数创新工程项目组

中国社会科学出版社

图书在版编目(CIP)数据

四川省依法治省第三方评估报告.2016 / 中国社会科学院国家法治指数研究中心，中国社会科学院法学研究所法治指数创新工程项目组著.—北京：中国社会科学出版社，2017.4
（地方智库报告）
ISBN 978-7-5203-0405-4

Ⅰ.①四… Ⅱ.①中…②中… Ⅲ.①社会主义法制—研究报告—四川—2016 Ⅳ.①D927.71

中国版本图书馆 CIP 数据核字（2017）第 087561 号

出 版 人 赵剑英
责任编辑 王 茵 马 明
责任校对 闫 萃
责任印制 王 超

出 版 中国社会科学出版社
社 址 北京鼓楼西大街甲 158 号
邮 编 100720
网 址 http：//www.csspw.cn
发 行 部 010-84083685
门 市 部 010-84029450
经 销 新华书店及其他书店

印刷装订 北京君升印刷有限公司
版 次 2017 年 4 月第 1 版
印 次 2017 年 4 月第 1 次印刷

开 本 787×1092 1/16
印 张 12.5
字 数 156 千字
定 价 56.00 元

凡购买中国社会科学出版社图书，如有质量问题请与本社营销中心联系调换
电话：010-84083683

项目组负责人

田　禾　中国社会科学院国家法治指数研究中心主任，法学研究所研究员、法治指数创新工程项目组首席研究员

吕艳滨　中国社会科学院国家法治指数研究中心副主任，法学研究所法治国情调研室主任、研究员、法治指数创新工程项目组执行研究员

项目组成员（按姓氏笔画排列）

马小芳　马效领　王小梅　王君秀　王述珊　王祎茗
王昱翰　王　洋　牛紫光　田巧玲　田纯才　宁　妍
刘　迪　刘雁鹏　孙斯琪　纪　玄　宋君杰　邵玉雯
范君丽　庞　悦　赵千羚　胡昌明　栗燕杰　徐　斌

主要执笔人

田　禾　中国社会科学院法学研究所研究员
吕艳滨　中国社会科学院法学研究所研究员
栗燕杰　中国社会科学院法学研究所副研究员
徐　斌　中国社会科学院法学研究所助理研究员
刘雁鹏　中国社会科学院法学研究所助理研究员
胡昌明　中国社会科学院法学研究所助理研究员
王祎茗　中国社会科学院法学研究所助理研究员
赵千羚　中国社会科学院法学研究所研究助理
王昱翰　中国社会科学院法学研究所研究助理

技术支持

北京蓝太平洋科技股份有限公司

目　录

第一篇　四川省依法治省评估概况

第二篇　依法执政

第三篇　人大制度

第四篇 依法行政

第五篇 政务公开

第六篇　司法建设

第七篇　社会法治

第八篇　法治保障

第一篇　四川省依法治省评估概况

一　评估背景

党的十八届三中全会通过的《中共中央关于全面深化改革若干重大问题的决定》提出“建立科学的法治建设指标体系和考核标准”。党的十八届四中全会通过的《中共中央关于全面推进依法治国若干重大问题的决定》明确要求：“把法治建设成效作为衡量各级领导班子和领导干部工作实绩重要内容，纳入政绩评价指标体系。”

2013 年 12 月，四川省委印发《四川省依法治省纲要》，强调“将依法治省工作纳入各地、各部门绩效目标考核内容，并将考核情况作为各级领导班子和领导干部考核和年度述职述廉报告的重要内容”，提出建立完善党内法规、立法项目、行政决策、普法教育等系列评估制度。《四川省依法治省 2016 年工作要点》强调“把法治建设成效作为衡量各级领导班子和领导干部工作实绩的重要内容，纳入政绩考核指标体系，建立法治建设成效考评制度”，要求构建党内法规实施效果评估、争议立法事项第三方评估、行政决策风险评估、社会稳定风险评估等制度。

2016 年，中国社会科学院国家法治指数研究中心、中国社会科学院法学研究所法治指数创新工程项目组（以下简称项目组），对四川省所辖 21 个设区的市、自治州［以下统称“市（州）”］的依法治理情况进行评估。这是项目组第一次对特定省域的依法治理情况进行全面评估。项目组坚持全面贯彻党的十八大和十八届三中、四中、五中、六中全会精神，依据《中共四川省委关于贯彻落实党的十八届四中全会精神全面深入推进依法治省的决定》和《四川省依法治省纲要》，参考《四川省依法治省评价标准》和《四川省法治建设状况评估办法》，按照“集中精力抓落实、抓巩固、抓深化提升”的工作要求，紧扣法治思维和法治方式、治理体系和治理能力、法治意识和法治习惯三大核心主题，就当前四川省法治建设的重点工作、难点问题、关键环节设立了法治评估指标，引导评估对象在法治建设方面持续用力，在客观制约依法治省进程加快、质效提高的重点领域、工作难点、关键节点问题上不断取得新的突破，加快形成办事依法、遇事找法、解决问题用法、化解矛盾靠法的法治良序。

二　评估对象、原则及方法

（一）评估对象

本次评估对象包括四川省下辖的1个副省级市、17个地级市以及3个自治州，共计21个市（州）。

（二）评估原则

1. 依法设定评估指标原则

法律法规是公权力机关的履职依据，法治评估坚持依法设定评估指标的原则，即所有指标均要有法律法规、政策文件等依据或者原则性规定，指标设定均反复征求各方意见，确保合理合法，在客观上通过评估倒逼评估对象活动更加规范。

2. 定性定量相结合原则

法治评估坚持定性分析与定量分析相结合的原则，在定性分析的基础上，选取法治建设的重点、难点和关键性、节点性问题，进行定量评估，反映法治建设的整体状况。定性分析能够更加宏观、直接地表现地方的法治成效，方便把握地方法治发展的总体进程；定量分析则更加客观、具体，有助于地方之间的横向比较，促进相互学习与借鉴法治建设成功经验。

3. 第三方评估原则

法治建设是一项系统工程，战线长、任务重、涉及面广、专业性强。需要通过第三方评估机构凭借专业优势，深入各部门各领域进行常态化的日常评估，以确保科学性、全面性和准确性。引入第三方机构开展评估，可以避免相关部门评估时因身在其中而无法客观发现问题的弊端，也能解决相关部门自说自话、公信力不足的问题。

4. 客观评估原则

为了最大限度地避免评估人员主观判断、个人好恶对评估结果的影响，评估指标的设计力求客观中立，评估人员仅对评估对象进行“有”或“无”的事实判断，而不对评估对象做“好”或“坏”的价值判断。法治评估应当慎用满意度评估，尽可能地挖掘和使用客观数据，以直观反映各地区法治发展的成效与问题。

5. 常态化评估原则

本次法治评估立足于相关地区和部门的基础性、日常性工作，坚持不提前通知、不提前布置、不做动员、不告知详细评估内容，以避免运动式的评估，防止评估对象为了取得好的评估成绩，提前做好各种准备应对评估，从而不一定能客观反映实际工作的情况发生。

6. 突出重点原则

法治建设涉及依法执政、人大制度、法治政府、司法建设、社会法治等诸多方面，无论在内容上还是在要求上都极其复杂。因此，评估指标不可能面面俱到，而应当选择当前依法执政、人大制度、法治政府建设、司法建设、社会法治等领域中的重点、难点、节点问题作为评估的着力点。

（三）评估方法

评估数据的采集方法直接关系到评估结果是否科学准确。为确保评估结果的客观、真实、准确、严谨，评估坚持第三方主导原则，主要采取以下方法获取数据。

1. 网站查询

在高度信息化的现代社会，门户网站是国家机关展示自身工作的重要窗口，也是公众获得政务、司法等官方信息，与国家机关沟通的重要渠道，具有可以提供 7 × 24 的不间断服务，效率高、成本低等特点。因此，评估以市（州）有关部门的门户网站作为获取数据的主要渠道，并考察数据获取的便捷性、网站的友好性等内容。

2. 官方统计数据

评估从官方统计数据中筛选具有法治意义的数据，作为评价法治发展状况的依据。此类数据主要由相关部门公开或提供。但官方统计数据在使用前还须进行必要的验证。

3. 评估对象自报数据

评估部分数据将会通过自报的方式获取，项目组将会对自报数据的真实性、准确性和可靠性进行抽查验证。

4. 第三方抽查验证

根据实际需要，第三方评估机构会采用抽查验证的方式，如提出与实际工作相关的业务申请、咨询等，评估相关部门的办事规范化程度。

三 评估指标

本次评估内容设置六大板块，分别为：依法执政（15%）、人大制度（15%）、法治政府（25%）、司法建设（25%）、社会法治（10%）、法治保障（10%）（详见表1）。

（一）依法执政

依法执政要求党委总揽法治建设全局，党通过依法制定大政方针、提出立法建议、推荐重要干部等方式，使党的主张经过法定程序成为国家意志，支持和保证人大、政府、司法机关依法履行职能，最终实现党的正确领导。党的十八届四中全会通过《中共中央关于全面推进依法治国若干重大问题的决定》，将党领导法治建设提升到了战略高度。

依法执政的主要评估内容包括：领导干部学法考法用法情况、党内法治建设情况、从严治党情况。领导干部学法用法考法评估的具体内容包括：学法计划、书记讲法、重大决策前专题学法、学法考勤等。党内法治建设情况主要考察领导干部是否能够严格依法决策。从严治党主要考察领导干部违法违纪情况。

（二）人大制度

人大制度主要从人大监督、代表履职和人大公开平台三个方面进行评估。人大监督是宪法和法律赋予各级人大及其常委会的一项重要权力，也是人大经常行使的最能够发挥人大职能作用、体现人大权威的一项权力。人大监督最大的作用和最直接的效果，就是通过行使监督权，促进“一府两院”依法行政、公正司法，推动经济社会持续健康发展，确保公平正义的实现。人大代表履职的意义在于充分依法行使代表权利，善于把人民的意志转化为国家意志，并通过法定程序把国家意志转化为全体人民的自觉行动，更多更好地体现和维护人民群众的根本利益。中央全面深化改革领导小组审议通过的《关于完善人大代表联系人民群众制度的实施意见》，对人大代表与基层人民群众的联络机制建设提出了更高的要求。此外，根据《各级人民代表大会常务委员会监督法》（以下简称《监督法》）以及《全国人民代表大会和地方各级人民代表大会代表法》（以下简称《代表法》）之规定，人大监督和代表履职情况应当向社会公众公开，故本次评估增加了对人大公开平台的考察。

人大制度的评估内容包括：人大监督、代表履职以及公开平台。其中，人大监督包括执法检查、专题询问。代表履职主要评估代表列席人大常委会情况、代表活动经费保障额度、代表的基层联络点建设情况等。公开平台主要评估各市（州）人大常委会门户网站建设的友好性以及搜索栏目是否可用，以引导通过门户网站作好人大活动公开。

（三）法治政府

法治政府建设要求政府在行使权力履行职责过程中坚持法治原则，严格依法行政，确保政府的各项权力都在法治轨道上运行。《法治政府建设实施纲要（2015—2020年）》中对法治政府建设提出了具体的要求，中共中央办公厅、国务院办公厅印发的《关于全面推进政务公开工作的意见》对推进透明政府建设提出了更高更具体的要求。

法治政府的评估主要包括依法行政和政务公开两个大的方面。依法行政评估主要包括放管服、维护司法权威、行政执法以及依法决策等。政务公开主要包括主动公开和依申请公开，本次评估从规范性文件、服务公开、结果公开就公开情况进行评估。本次评估中，由于政务公开内容较多，独立性较强，故独列一篇。

（四）司法建设

司法是保障人民权利自由、实现社会公平正义的最后一道屏障。司法的基本功能是借助公共权力对各种法律争端做出最终的权威性裁决。司法功能的实现建立在司法权力正常运转的基础上，为此，《人民法院第四个五年改革纲要（2014—2018）》提出了包括法院人事管理改革、健全审判权力运行机制、加大人权司法保护力度等在内的一系列改革目标，保障司法改革平稳有序进行，保证司法机关依法独立行使司法权。

让司法判决得到执行，不打法律“白条”，是实现司法公正、维护司法权威的关键，因此，2016 年，最高人民法院制定《关于落实“用两到三年时间基本解决执行难问题”的工作纲要》，为执行难的解决设定了时间表。

司法公开是检验和监督司法工作的重要抓手，《中共中央关于全面推进依法治国若干重大问题的决定》提出“构建开放、动态、透明、便民的阳光司法机制”。最高人民法院和最高人民检察院分别发布了《最高人民法院关于推进司法公开三大平台建设的若干意见》《最高人民法院裁判文书上网公布暂行办法》《最高人民检察院关于全面推进检务公开工作的意见》等一系列司法文件，为司法公开工作提出了标准和要求，同时也为司法公开评估提供了重要依据。

司法建设板块的评估主要包括以下内容：依法独立行使司法权、提升司法透明度、检务公开透明度、助力基本解决执行难。

其中确保依法独立公正行使司法权和助力基本解决执行难以自报材料为主，主要评估是否建立相关的制度以及制度是否有效落实。而提升司法透明度与检务透明度则以法院、检察院门户网站为主要对象展开第三方验证，主要评估审务公开、审判公开、检务指南、统计数据等内容的公开情况。

（五）社会法治

社会法治主要是指整个社会对依法治国的普遍认同和坚决的支持，养成自觉遵守法律法规，并且通过法律或司法程序解决政治、经济、社会和民事等方面纠纷的习惯和意识。《中共中央关于全面推进依法治国若干重大问题的决定》提出，增强全民法治观念，推进法治社会建设。中共中央宣传部、司法部颁布的《关于在公民中开展法治宣传教育的第七个五年规划（2016—2020年）》对2016—2020年的普法进行了部署安排并提出了明确要求。

法治社会的评估主要包括：社会平安（“三条底线”）、法治宣传教育与基层依法治理三个板块。其中，社会平安从几个主要数据来反映当地的法治社会发展状况，例如禁毒防艾、反分维稳、安全生产、食品药品安全等。法治宣传教育评估包含“法律七进”推进情况、“谁执法谁普法”责任制落实情况、“七五”普法推进情况等指标。基层依法治理包含村规民约（居民公约）制定情况、基层法治示范创建情况、“一村（社区）一法律顾问”落实并发挥作用情况等评估指标。

（六）法治保障

保障机制建设是法治工作开展的基础，本次评估依据《中共中央关于全面推进依法治国若干重大问题的决定》将人员机构、用人导向、载体抓手、从严管理等内容纳入本板块。

表1 四川省市（州）法治第三方评估指标体系

一级指标	二级指标	三级指标
依法执政（15%）	关键少数（60%）	学法（60%）
		考法（10%）
		用法（30%）
	党内法治建设（30%）	依法决策（100%）
	从严治党（10%）	违法违纪（100%）
人大制度（15%）	人大监督（50%）	执法检查（60%）
		专题询问（40%）
	代表履职（40%）	代表列席常委会（30%）
		代表活动经费数额（30%）
		代表基层联络点建设（40%）
	公开平台（10%）	网站友好性（50%）
		搜索栏目（50%）
法治政府（25%）	放管服（10%）	简政放权（20%）
		放管结合（60%）
		优化服务（20%）
	维护司法权威（10%）	尊重并执行法院生效裁判（100%）
	依法决策（10%）	法定程序（60%）
		法律顾问（20%）
		终身问责（20%）
	行政执法（10%）	重大执法决定法治审核（60%）
		执法案卷评查机制（40%）
	政务公开（60%）	规范性文件公开（25%）
		服务公开（30%）
		结果公开（25%）
		依申请公开（20%）

续表

一级指标	二级指标	三级指标
司法建设（25%）	依法独立行使司法权（10%）	健全并落实领导干部干预司法活动、插手具体案件处理的记录、通报和责任追究制度（50%）
		建立健全并落实司法人员履行法定职责保护机制（50%）
	提升司法透明度（40%）	审务公开（20%）
		审判公开（30%）
		执行信息公开（20%）
		数据公开（30%）
	提升检务透明度（40%）	基本信息（20%）
		检务指南（30%）
		检察活动（30%）
		统计总结（20%）
	助力基本解决执行难（10%）	党委政府对解决执行难的支持（30%）
		部门间协作机制（30%）
		执行活动规范化（40%）
社会法治（10%）	“三条底线”（20%）	社会稳定（20%）
		安全生产（40%）
		食品药品安全（40%）
	法治宣传教育（40%）	“法律七进”推进情况（10%）
		“谁执法谁普法”责任制落实情况（10%）
		“七五”普法推进情况（80%）
	基层依法治理（40%）	村规民约（居民公约）制定情况（30%）
		基层法治示范创建情况（30%）
		“一村（社区）一法律顾问”落实并发挥作用情况（40%）

续表

一级指标	二级指标	三级指标
法治保障（10%）	人员机构（10%）	设立依法治理机构（50%）
		建设法治专门队伍（50%）
	用人导向（30%）	年度述法（20%）
		法治绩效（40%）
		法治档案（40%）
	载体抓手（30%）	年度考核（30%）
		督查暗访（50%）
		统筹创新（20%）
	从严管理（30%）	工作计划（20%）
		通报批评（20%）
		报告领导（20%）
		通报组织人事部门（20%）
		约谈问责（20%）

四　总体结果

四川省各市（州）依法治市评估总体状况如表2所示。四川省各市（州）在依法执政和依法行政方面表现良好，各级党委和政府基本能够遵循法治的要求，严格依法执政，努力建设法治政府。在人大制度方面，人大执法检查、专题询问、代表履职等评估情况总体较好。司法建设方面，各市（州）在助力基本解决执行难、依法独立行使司法权等方面落实情况较好，但是在司法公开方面有所欠缺。法治保障和社会法治方面表现令人瞩目，这得益于四川省各市（州）对于法治建设的重视。

表2　　四川省市（州）法治第三方评估结果

排名	市(州)	总分	依法执政（15%）	人大制度（15%）	法治政府（25%）	司法建设（25%）	社会法治（10%）	法治保障（10%）
1	成　都	83.99	81.40	76.50	90.58	70.96	99.20	100.00
2	眉　山	81.24	89.92	78.80	78.50	68.65	97.44	94.00
3	乐　山	79.85	89.56	69.80	84.05	61.74	96.16	98.80
4	泸　州	79.38	94.96	89.20	77.86	50.72	96.16	100.00
5	资　阳	78.35	84.01	85.90	68.29	64.58	100.00	96.40
6	德　阳	77.68	84.96	75.80	80.54	56.19	97.44	96.40
7	广　元	77.36	86.92	75.60	75.43	58.04	96.16	100.00

续表

排名	市(州)	总分	依法执政(15%)	人大制度(15%)	法治政府(25%)	司法建设(25%)	社会法治(10%)	法治保障(10%)
8	绵　阳	77.03	87.76	82.30	70.88	57.56	94.08	100.00
9	巴　中	76.70	82.27	80.40	69.75	61.47	94.88	100.00
10	宜　宾	76.60	84.96	89.00	76.51	46.55	97.44	100.00
11	广　安	75.52	75.22	94.70	73.02	52.16	94.88	92.50
12	内　江	75.48	77.76	54.90	82.75	63.00	97.44	94.00
13	遂　宁	75.24	80.64	74.10	73.37	58.75	93.60	96.40
14	自　贡	74.71	82.72	80.00	76.06	50.87	92.32	93.40
15	南　充	73.80	69.97	72.50	71.14	59.09	98.72	100.00
16	雅　安	72.80	68.59	85.70	70.93	50.16	97.44	96.40
17	达　州	72.42	74.71	79.60	69.59	48.54	97.44	100.00
18	凉　山	68.04	67.74	65.50	63.57	51.63	96.16	96.40
19	甘　孜	67.66	58.12	78.80	70.53	43.56	92.00	94.00
20	攀枝花	66.80	60.96	76.40	62.51	47.93	100.00	85.90
21	阿　坝	64.93	43.48	75.80	70.15	50.42	89.92	79.00

总体上，四川省各市（州）依法治理情况具有以下四个特点。

（一）党委总揽全局，注重顶层设计

四川省各级党委重视并主抓依法治理工作，全方位布局。在省委层面，四川省坚持党的领导，贯彻中央依法治国重大决策部署，把全面深入推进依法治省作为协调推进“四个全面”战略布局的重要组成部分，把法治贯穿改革、发展、稳定全过程各方面，一以贯之抓落实，持续增强工作力度，扎实推进依法治国基本方略在巴蜀大地落地生根。具体而言，四川省委重视顶层设计，对于法治工作中的重点和难点，在省级层面出台相关领域的细则或要求，通过顶层设计指导市（州）法治建设工作。例如，为了深入推进司法改革，四川省委政法委牵头制定实施《四川省司法体制改革试点工作方案》，系统部署145项改革举措。再如，为了配合基本解决执行难，四川省依法治省领导小组出台《关于“两年内基本解决执行难”的工作意见》，建立“党委领导、政府支持、政法协调、法院主办、部门配合、社会参与”的司法执行工作格局。上述制度文件保障了各市（州）在推进依法治市过程中有章可循。

（二）市（州）强力推进，工作有效开展

四川省各市（州）严格按照省委的要求，认真落实依法治市（州）的各项工作。各市（州）、各部门注重把做好本职工作作为依法治省、依法治市工作的基础。在市（州）层面，各市（州）普遍设置了推进法治建设的专门工作机构，负责落实党委的有关部署，协调各部门共同推进法治工作，支持政府、司法机关依法履职。各部门普遍重视法治工作的考核评价，将法治建设成效作为部门干部政绩考核的重要指标，建立法治建设绩效考评制度；各部门将干部守法用法情况作为人事管理的重要内容，探索建立法治档案；各单位将法定职责情况作为年终述职的重要内容，建立健全干部年度述法制度。无论是在市（州）层面还是在部门层面，各项法治工作均能够自上而下强力推进，有任务、有分工、有落实、有考核。

（三）结合本地实际，解决现实问题

各市（州）注重在法治框架内因地制宜解决现实问题。面对棘手的拖欠农民工工资问题，雅安市通过“民薪工程”完善欠薪

治理机制，形成了富有时代特点和地方特色的农民工欠薪治理模式。面对多发的旅游纠纷，乐山市设立了集调解、审判、宣传于一体的车载旅游巡回法庭，自2014年挂牌成立至2017年年初，旅游法庭共处理涉旅纠纷105起，其中判决17起，调解88起，为依法治旅提供法律保障，为全国旅游市场治理提供了借鉴。为保障精准扶贫，绵阳市在扶贫项目实施中加强同政法机关部门合作，强化扶贫资金监管，依法保障贫困群众切身利益。巴中市在贫困村建设法治书屋200多家，将物质脱贫、精神脱贫和法治脱贫相结合。上述实践表明，四川省各市（州）面对纷繁复杂的社会现实，注重用法治思维创新管理，注重扎根当地实际情况，不搞“花架子”，努力在解决实际问题、维护群众合法权益的过程中实现依法治省的目标。

（四）注重宣传教育，法治内化于心

四川省各市（州）注重将法治建设内化于心、外化于行。在普法方面，各市（州）根据自身情况，不但创造性地将法律“六进”扩展为法律“七进”“八进”甚至“十二进”等，而且将法治文化宣传融入日常娱乐之中，有的市（州）组织法治晚会，将法治的内涵和精神通过小品、歌曲等形式予以表达，大大提高了公众的接受程度。在法治教育方面，各市（州）重视培养“法律明白人”，让基层群众有了身边的法律智库，不但解决了群众维权不知如何用法的问题，而且在耳濡目染间提高了群众的法治意识。在法治宣传方面，四川省善于利用公共设施宣传法治，例如，自贡市大力建设法治文化公园，将法治的精神和内容书写在法治文化公园之中，公众在休息散步的过程中便可以接受到法治文化的熏陶。在关键少数方面，四川省重视普法与关键少数的学法考法同步推进，在潜移默化中让法治深入人心，关键少数深入执政、治理的潜意识。

第二篇　依法执政

一　评估概况

依法执政是党领导人民长期探索治国理政之道的历史经验，是党对执政规律认识的科学总结，是加强和改进党的领导的有效途径。党的十八届四中全会通过的《中共中央关于全面推进依法治国若干重大问题的决定》强调，“依法执政是依法治国的关键”，并对依法执政提出了一系列明确要求。依法执政意味着党通过制定大政方针、提出立法建议、推荐重要干部等执政权力的行使，使党的主张经过法定程序成为国家意志，支持和保证人大、政府、司法机关依法履行职能，最终实现党的正确领导。

2012 年 5 月，中共中央组织部、中共中央宣传部、司法部、全国普法办联合下发《关于进一步加强领导干部学法用法工作的意见》，要求领导干部应当认真学习以宪法为核心的各项法律法规，努力提高法律素质，增强依法管理和服务社会的能力。2016 年 3 月，中共中央组织部、中共中央宣传部、司法部、人力资源和社会保障部联合印发的《关于完善国家工作人员学法用法制度的意见》进一步扩大了学法人员的范围，对国家工作人员学法用法制度建设提出了进一步的要求。党委（党组）中心组学法、日常学法、法治培训等制度应当逐步成为学法用法的常态化机制，并提出要探索建立领导干部法治素养和法治能力评估指标体系，将评估结果作为提拔使用的重要参考。据此，项目组依据中央文件精神对四川省各市（州）依法执政状况进行评估。

本板块评估指标分为三个板块：关键少数、党内法治建设、从严治党。其中，关键少数主要考察党员领导干部学法、考法、用法情况；党内法治建设主要考察党委领导班子依法决策情况；从严治党主要考察党员干部违法违纪情况（具体指标见表3）。

表3 依法执政评估指标

二级指标	三级指标	四级指标
关键少数（60%）	学法（60%）	晋职培训（20%）
		学习计划（10%）
		书记讲法（20%）
		重大决策前专题学法（20%）
		学法考勤（15%）
		学法档案（15%）
	考法（10%）	法律考试制度（100%）
	用法（30%）	法律顾问（40%）
		重大决策责任倒查机制（30%）
		终身追究制度（30%）
党内法治建设（30%）	依法决策（100%）	合法性审查（25%）
		专家论证（25%）
		社会风险评估（25%）
		集体讨论（25%）
从严治党（10%）	违法违纪（100%）	违法违规违纪（100%）

关键少数板块考察领导干部的法治思维，评估内容主要分为学法、考法和用法。学法、考法的目的是有效地引导领导干部用法。学法指标主要包括学习计划、书记讲法、重大决策前专题学法、学法考勤、学法档案、晋职培训。考法指标选取了简单的法律考试制度设置与否。鉴于目前21个市（州）的法律考试实践丰富多样，难以用实质性的内容考核来衡量，故选用了简单的量化指标来进行地毯式的检索。这不排除在未来的法治考核中增加实质性的考核指标。用法考核主要围绕党委机关的法律机制建设展开，包括是否聘

用法律顾问、是否建立重大决策责任倒查机制、是否建立终身追究制度。党内法治建设指标紧抓依法决策，包括是否进行合法性审查、是否落实专家论证制度、是否进行社会风险评估、是否就决策进行集体讨论。从严治党指标则采用反向考察的方式，将当地是否出现市（州）、县（区）主要领导严重违法违纪情况作为扣分与否的依据（依法执政的总分与各项分数排名见表4）。

表4　**依法执政评估结果**

排名	市（州）	总分	关键少数（60%）	党内法治建设（30%）	从严治党（10%）
1	泸　州	94.96	91.60	100.00	100.00
2	眉　山	89.92	83.20	100.00	100.00
3	乐　山	89.56	82.60	100.00	100.00
4	绵　阳	87.76	79.60	100.00	100.00
5	广　元	86.92	83.20	90.00	100.00
6	德　阳	84.96	91.60	100.00	0.00
6	宜　宾	84.96	91.60	0.00	0.00
8	资　阳	84.01	79.60	87.50	100.00
9	自　贡	82.72	71.20	100.00	100.00
10	巴　中	82.27	89.20	62.50	100.00
11	成　都	81.40	79.00	80.00	100.00
12	遂　宁	80.64	84.40	100.00	0.00
13	内　江	77.76	79.60	100.00	0.00
14	广　安	75.22	71.20	75.00	100.00
15	达　州	74.71	76.60	62.50	100.00
16	南　充	69.97	56.20	87.50	100.00
17	雅　安	68.59	66.40	62.50	100.00
18	凉　山	67.74	75.40	75.00	0.00
19	攀枝花	60.96	76.60	50.00	0.00
20	甘　孜	58.12	57.70	45.00	100.00
21	阿　坝	43.38	35.80	40.00	100.00

二　亮点与创新

关键少数是法治建设的关键，四川省围绕领导干部法律学习、决策过程的规范化、决策的事后责任追究与监督、考法考核，建立起了全方位、全流程的制度。这些制度聚焦领导干部的法治思维培养，将法治思维从知识层面落实到具体的履职层面，使领导干部从“想”到“做”，从“说”到“行”，一步步纳入法律制度的框架内。

（一）学法配套制度完善，考法制度普遍建立

领导干部是否称职，很重要的一个方面就是看有没有法治意识、具不具备法治能力、能不能坚持依法办事。这就需要各级领导干部顺应时代要求，带头尊法、学法、守法、用法，努力做法治型领导干部。

四川省21个市（州）都建立了相应的学法制度，同时也在2016年实施了相关的学法活动。在学法计划上，大部分市（州）在2016年年初制定了本年度的学法计划，并根据学法计划开展了丰富多样的学法活动。例如，德阳市严格按照学法计划组织了20次领导干部学法活动，不仅将《宪法》学习贯穿到全年四个季度中，还就宪法宣誓、《刑法修正案（九）》等热点法律问题展开自学。在会前学法方面，所有市（州）都建立了常委会前学法制度，每次会议学习一部法律法规，有的市（州）还规定每次

学法时间不得少于30分钟。在学法考勤方面，大部分市（州）学法考勤主要依靠会议纪要，学法过程中任何缺席或请假都会体现在会议纪要之中。有些市（州）除了会议纪要之外，还专门建立了考勤签到表，并将其纳入个人的法治档案。

《关于完善国家工作人员学法用法制度的意见》要求定期组织开展国家工作人员法律考试，健全完善国家工作人员任职法律考试制度，推动以考促学、以考促用。调研发现，21个市（州）都不同程度地建立了考法制度，有的市（州）将考试作为执法人员上岗执法前的必经程序。例如，绵阳市按照《关于完善国家工作人员学法用法制度的意见》的规定，对执法人员设置了法律考试，作为执法人员换发行政执法证件的一个前置程序。但是该做法在其他市（州）提供的材料中并不普遍。有的市（州）考试范围极广，例如，广元市的考试范围囊括了宪法、法律以及党内法规，内容丰富。有的市（州）直接将党纪与法律一同作为干部考试内容，例如，南充市直接安排的是党政干部法纪知识考试。在考法形式上，除了一般的法律考试之外，有些市（州）还采用了法律知识竞赛的形式。有的市（州）将考试结果作为干部选拔任用的依据，例如，遂宁市发布的《遂宁市领导干部任前法律知识考试办法》明确提出，领导干部法律知识考试成绩合格是领导干部提拔任用的必备条件之一，考试不合格的，取消本次任用资格，并在一年内不得再次提请任用。

（二）关键少数常抓不懈，领导干部履职尽责

全面推进依法治国必须抓住领导干部这个“关键少数”。依法治国关键在党、在领导干部。这就要求各级党组织把提高领导干部法治能力作为一项重要的、紧迫的政治任务抓紧、抓好。四川省贯彻中央关于“领导干部是全面依法治国的关键”这一科学判断，把提高执行力作为头等大事，探索省委带头强化法治意

识、增强法治观念制度性措施，构建领导干部履职尽责工作制度。四川21个市（州）党委书记与183个县（市、区）党委书记、4660个乡镇（街道）党委（党工委）书记层层签订目标责任书，用规范的制度和严格的考核促使各级“关键少数”担负起法治建设的政治责任和领导责任，坚定不移地确保依法治省工作扎实推进。例如，德阳市探索建立“建、查、述”三项并重、分级管理的公务人员法治档案。在2016年7月组织的市级部门县级领导学法用法考试，德阳市不仅将依法治国决策文件纳入考试内容，而且将考试组织开展情况纳入依法治市工作目标管理。在制度和考核的双重要求下，四川省各市（州）主要领导严格按照依法治省的要求尽职履职，逐步将法治思维贯穿工作始终，善于运用法治手段处理和解决复杂的社会难题。

（三）加强党内法规建设，落实备案审查制度

党内法规建设是全面从严治党的重要内容，也是国家治理和社会治理的重要载体。以党章为根本依循的党内法规体系已经形成，构建起了全面从严治党的“四梁八柱”，彰显了中国共产党全面从严治党、依规治党的决心。2016年，四川省委办公厅贯彻《中国共产党党内法规制定条例》，制定《四川省党内法规制定办法》《四川省党内规范性文件备案办法》，印发《省委党内法规和规范性文件合法性审查办法（试行）》，起草《关于建立健全法规、规章和规范性文件备案审查衔接联动机制的实施意见》，办理217件省委党内法规和规范性文件报送中央备案工作，审核制定省委党内法规36件、规范性文件181件，审查市（州）党委和省委部委规范性文件2953件，对发现存在违法违规问题的要求作出说明和进行提醒269件，推动制定机关纠正54件，对新中国成立以来至2012年6月的文件进行系统清理。通过党内法规清理，在一定程度上解决了党内法规“不一致”“不适应”

“不协调”的问题，标志着党内制度建设进入了一个新的阶段。

（四）狠抓全面从严治党，净化政治生态环境

党的建设与依法治国统一于国家现代化的历史进程，体现了中国现代化的独特路径，体现了中国道路应然性和必然性的内在统一。党的十八届六中全会进一步对全面从严治党进行了总体部署。全会公报聚焦新形势下的党内政治生活准则，提出了新形势下加强和规范党内政治生活的“四个着力”，审议通过的《关于新形势下党内政治生活的若干准则》，结合新的历史条件，以问题为导向，对党内政治生活重大问题作出了系统化、具体化的明确规定。四川省根据中央全面从严治党的战略部署，出台《中共四川省委关于坚持思想建党与制度治党紧密结合全面推进从严治党的决定》，出台《严守政治纪律严明政治规矩，加强领导班子思想政治建设的十项规定》和《关于进一步巩固发展良好政治生态的若干措施》，强化思想教育、干部选用、管理监督、惩治腐败、改进作风、制度治党、纪律约束、落实责任“八个务必从严”。

四川省纪委用法治思维和法治方式推进党风廉政建设，出台《关于充分调动干部积极性激励改革创新干事创业的意见（试行）》，制定《四川省市（州）、县（市、区）党委巡查工作实施办法（试行）》，执行《关于在纪律审查中准确适用“四种形态”的指导意见（试行）》，实施《对省管党员领导干部进行谈话函询的工作办法（试行）》，落实《四川省党纪政纪处分决定执行工作实施意见》，向113家省一级党和国家机关派驻纪检组，对79个党组织进行严格巡视，集中整治收受红包、私设小金库、公款旅游吃喝等顽症痼疾，督查解决权力寻租、滋生腐败、懒政怠政等侵害群众利益的问题，查处违反中央八项规定精神的问题732起，给予党纪政纪处分812人。

(五) 依法决策有效保障,法律顾问全面覆盖

切实推进依法决策不仅可以增进决策规范化和法治化，有效规范和约束决策权，对促进依法执政、执政行为规范化和法治化也具有非常重要的意义。四川省级层面在2015年已经提出抓住关键少数，推进法治四川建设，重点在于党委领导能够依法决策。四川省委办公厅印发《关于抓住领导干部“关键少数”全面深入推进依法治省工作落实的意见》明确提出，领导干部要把法治意识内化于心、外化于行，坚持依法决策、依法用权、依法履职，带头遵守法律、执行法律，运用法治思维和法治方式处理各类矛盾和问题。四川省委办公厅印发的《省委党内法规和规范性文件合法性审查办法（试行）》明确提出，省委党内法规和规范性文件必须经过合法性审查。未经合法性审查的，原则上不得提请省委常委会审议或者进入送审签批程序。

从评估结果来看，所有市（州）都建立了依法决策机制。在实践中，依法决策程序发挥了很大的作用，例如，成都市委组织部有关《成都市特需人才引进办法（试行）》的决策就逐条经过了财政局、经信委、发改委等部门的合法性审查，并就反馈意见予以讨论与采纳。除了横向职能部门的辅助审查外，合法性审查程序也适用于市委、政法委、人大等机关。比如南充市“关于加强南充市新型智库建设”的决策意见，在市直相关部门的合法性审查之外，还经过了省级主管部门、市人大常委会、市政府法制办和市委办公室法规工作机构等部门的审查。

三　发现的主要问题

从评估结果来看，四川省各市（州）在领导干部学法用法方面存在以下问题。

（一）学法质效需要提升

在上述制度的规范下，四川省各市（州）学法工作取得了一定的成效，但仍存在一些问题。第一，学法时间普遍较短。为了不占用宝贵的会议时间，各市（州）的会前学法一般在半个小时左右。各市（州）普遍采取简介的方式，大致介绍法律的基本情况，具体内容有待干部会后自学，这样不但容易流于形式，而且学习效果得不到保证。第二，专题学法开展不足。大部分市（州）会前学法与会议内容无关，如德阳市会前学习《国家安全法》，会议的主要议题是领导干部述职。在市（州）党委作出重大决策之前，需要对决策所涉及的法律进行详细的了解，以防止决策不合法不合规，但各市（州）将此工作完全交由专门部门，决策领导自身并未就相关法律法规进行系统学习。第三，学党章多，学法律法规少。部分市（州）学法档案中显示学法内容为《党章》《纪律处罚条例》等党章党规，有些学习内容基本与“两学一做”活动重合，法律法规却很少学习。学习党章党规固然重要，但党章党规不同于法律法规。这一方面说明地方党政机关干部混淆了学法与学党章，认为学习党内法规也是学习国家法律法规的一部分；另一方面说明学法并未真正成为党政机关的日常习惯，一年之内学习法律法规的数量和频次远低于党章党规。

（二）学法层次模糊不清

四川省各市（州）的学法覆盖面非常广，基本涵盖了所有党政机关的干部，但项目组在评估过程中发现，无论是领导干部还是一线执法人员，学习的内容基本相同，学习的法律法规大同小异，学习的频次高度一致。需要明确，领导干部和执法人员对法律法规的需求并不一致，学法的要求也不同。就领导干部而言，学法的重点是提升法治理念，学法的难点是培养法治思维。领导干部作为推进依法治市的关键少数，需要使法治思维和法治理念深入骨髓，如此才能保证关键少数言必合法、行必守法。因此，领导干部学法的重心应当是法治思维的培养、法治理念的提升。但是项目组在评估中发现，部分市（州）仅仅将法治作为工作来推动、将学法作为任务来完成、将讲法述法作为程序来履行。部分市（州）的书记讲法并不是主讲法律法规，更不是讲解法治理念，而是主讲如何进一步推进依法治市工作，这样就将讲法变成了安排具体任务和工作，而不是传达培养法治理念。一旦将法治仅仅作为一项交办的任务来推动，而不是内化于心、外化于行地尊法、信法、守法，那么法治建设将失去内核和灵魂，空留光鲜雄伟的大厦。因此，作为市（州）的主要领导，应当着重培养关键少数的法治思维和法治方式，强化其用法守法的思想，保证领导干部依法决策。在学法内容上，应当重点学习《宪法》《地方各级人民代表大会和地方各级人民政府组织法》（以下简称《地方组织法》）和《代表法》等宪法及宪法性法律。对于一线执法人员，学习的重点是专业对口、有执法需求的法律法规，学习的难点是对条文的理解和应用。一线执法人员作为依法治市的重要落实者，不仅需要熟记法律法规的内容，还要深刻理解法律法规的规定，如此才能保障行政执法合法合规。而项目组在评估中发现，部分执法人员学习的法律法规与执法并不相干，如有的市（州）林业局执法人员过去一年中重点学习了《立法法》等无关的法律，而与林业执法有关却未学习。

（三）法治档案有待加强

作为体现依法治市工作效果的法治档案存在以下问题。第一，法治档案内容简单。各市（州）法治档案中应当写明领导干部学法、用法、守法的情况，但部分市（州）法治档案内容简单，用法守法简单以“未出现违法违纪情况”一笔带过。第二，法治档案内容可靠性无法印证。法治档案的内容为个人填写，内容是否全面、真实、准确无从考证。在法治档案中没有单位的验证、缺少同级纪委的核验，档案的真实性和可用性较低。第三，法治档案没有和晋升考核紧密联系在一起。有的市（州）文件之中表明将法治档案的应用情况纳入晋升考核指标，如甘孜州在《甘孜州领导干部法治档案实施办法（试行）》中明确表示将干部年度法治情况作为干部考核的重要标准。但是法治档案究竟应当如何应用？占多少比例？出现良性违法的情况是否追责？是否影响考核？这些内容并没有体现在考核标准之中。

（四）责任追究制度欠缺

建立重大决策责任追究机制是中共十八届四中全会提出的依法治国方略的要求之一。《中共中央关于全面推进依法治国若干重大问题的决定》要求，对决策严重失误或者依法应该及时作出决策但久拖不决造成重大损失、恶劣影响的，严格追究行政首长、负有责任的其他领导人员和相关责任人员的法律责任。

从评估结果来看，有 8 个市（州）规定了党委重大决策责任倒查机制和终身追究机制，这些机制散见于议事规则或者决策意见中，如自贡市发布的《市委常委会议事决策规则》和《关于贯彻落实“三重一大”事项集体决策制度实施意见》。其余市（州）或是贯彻《四川省重大行政决策程序》和《四川省重大行政决策责任追究暂行办法》的规定，或是贯彻各市（州）自己的重大行政决策程序规定。但是上述文件并不能涵盖党委决策，一旦党委决策出现问题，无法适用上述文件及时追责。在实践中，与地方的经济、政治、文化相关的重大决策往往都是由地方党委做出，党委的决策无论是影响范围还是影响深度上都远远超出政府，因此责任倒查和终身追究不仅应写进政府决策规则之中，更应当纳入党委决策规则里。

四　完善建议

坚持依法执政、提高依法执政水平，需要一套科学有效、系统完备的工作机制来保障。否则，依法执政很容易停留于一般号召，很容易仰赖领导者个人认识和重视程度，很难真正落实到具体执政实践中。健全依法执政的工作机制需要从以下三个方面着手。

（一）省委统管学法，尊重地方差异

四川省各市（州）普遍开展了领导干部学法考法实践。学法计划、学法档案与学法考勤作为一种手段，是帮助领导干部和国家工作人员更新法律知识、树立法治思维的重要抓手。学法计划是否制定决定着学法的质量高低，有了计划，领导干部便可以提前准备学法内容，提高学法的效果。有了学法档案，领导干部学习了哪些法律法规、什么时间学习了法律法规一目了然。通过学法考勤，一方面可以鞭策干部积极参与到学法活动中；另一方面也反映部门对于学法的重视程度。因此，建议四川省各市（州）向社会公开学法计划，在一定范围内公开学法档案和学法考勤，使学法计划、学法档案和学法考勤真正成为领导干部学法的抓手。

目前，对于社会大众而言，学法有“七五”普法规划，而对于关键少数和领导干部而言，学法规划却处于长期缺位的状态。

从各市（州）领导干部学法档案反映的情况来看，各地党委领导学法内容五花八门，有的重点学习了党章党规，有的重点学习了《宪法》，有的则学习了《刑法》。零散地学习党规党纪、法律法规等内容难以形成系统的法治思维。建议四川省依法治省办规划各市（州）重点学习的内容，使其作为学法的顶层设计，指导地方学法工作的顺利推进。在学法顶层设计中，应当对学法内容、学法范围进行统一要求，并聘请相关学者设计适合四川省省情的法律学习教材。同时，领导干部学法应当紧跟当前的技术发展，采用丰富多样的学法形式。除了学法讲座、书记讲法、知识竞猜之外，微视频、新媒体、微信公众号、移动 App 等形式对法律学习也有裨益。

除了统一学法内容之外，法律知识的重点学习应当根据地区差异与领导干部的岗位差异而区别对待。比如民族地区的干部应当着重学习民族区域治理的相关法律法规；国家科技创新区域则应当着重学习《知识产权法》《公司法》等相关法律法规。

（二）坚持依法履职，公开决策过程

坚持依法履职，让权力在阳光下运行。党委机关依法履职的关键是将政策的制定过程纳入制度化的轨道。除了对于重大决策的程序规定与责任追究之外，市委依法决策应当加强合法性审查，重视法律顾问的作用。除了市直机关和法制部门的法律意见之外，法律顾问的咨询意见也应当作为合法性审查的重要依据。进一步推广风险评估与专家意见的普遍适用，除了一些工程类项目之外，应当引入社会学家、政治学、法学等社会科学领域专家作为咨询专家，让其提供社会、政治的视角，为政府决策提供更加完整的信息资源。

（三）抓好关键少数，培养法治思维

处理好党的领导与依法治国的关系，关键在于处理三方面问题。一是如何发挥党在依法治国中的作用；二是党在依法执政时如何推进自身的法治化；三是依法执政的理念如何在领导干部中发生转变。

领导干部是推动依法治国、建设法治国家的关键少数。领导干部带头遵守法律、带头依法办事，对维护宪法法律权威和尊严至关重要。在领导干部中，法治观念淡薄、特权思想严重、目中无法、信奉权大于法的人仍然存在，这是法治建设的重大阻碍。领导干部必须高度重视对宪法法律的学习，把熟练掌握宪法法律知识、法治理念、法治精神作为履职尽责的基本条件，不断提高运用法治思维和法治方式深化改革、推动发展、化解矛盾、维护稳定的能力。

第三篇　人大制度

一　评估概况

人大制度评估指标分为三个板块：人大监督、代表履职和公开平台。（具体指标见表5）。

表5　**人大制度评估指标**

<table>
<tr><th>二级指标</th><th>三级指标</th><th>四级指标</th></tr>
<tr><td rowspan="6">人大监督（50%）</td><td rowspan="4">执法检查（60%）</td><td>执法检查次数（10%）</td></tr>
<tr><td>执法检查报告（20%）</td></tr>
<tr><td>年度执法检查计划公开（30%）</td></tr>
<tr><td>执法检查报告公开（40%）</td></tr>
<tr><td rowspan="2">专题询问（40%）</td><td>专题询问（60%）</td></tr>
<tr><td>跟踪督查落实（40%）</td></tr>
<tr><td rowspan="3">代表履职（40%）</td><td>代表列席常委会（30%）</td><td>代表列席常委会比例（100%）</td></tr>
<tr><td>代表活动经费（30%）</td><td>代表活动经费数额（100%）</td></tr>
<tr><td>代表基层联络点建设（40%）</td><td>代表基层联络点（100%）</td></tr>
<tr><td rowspan="2">公开平台（10%）</td><td>网站友好性（50%）</td><td>内容分类是否合理（100%）</td></tr>
<tr><td>搜索栏目（50%）</td><td>搜索栏目是否可用（100%）</td></tr>
</table>

人大监督共分为两个板块，分别是执法检查和专题询问。执法检查主要针对法律法规实施情况进行评估，一方面要考察各市（州）是否开展了执法检查，是否形成了执法检查报告；另一方面考察执法检查报告是否公开，不仅要在人大常委会公报中公

开，还要求在各市（州）人大常委会门户网站中公开。在专题询问板块，主要考察市（州）是否进行了专题询问，针对专题询问是否有跟踪督查落实。

代表履职板块，主要考察代表列席常委会、代表活动经费数额、代表基层联络点建设情况这三方面内容。

上述内容主要依靠各市（州）自报材料、项目组核验的方式，根据自报材料对各市（州）进行考察。

公开平台板块，主要考察网站友好性和搜索栏目。网站友好性主要检查网站的内容分类是否合理，是否易于公众查询等。搜索栏目主要考察搜索栏目是否可用（具体结果见表6）。

表6 **人大制度评估结果**

排名	市（州）	总分	人大监督（50%）	代表履职（40%）	公开平台（10%）
1	广　安	94.70	98.20	89.00	100.00
2	泸　州	89.20	100.00	83.00	60.00
3	宜　宾	89.00	98.80	74.00	100.00
4	资　阳	85.90	83.00	86.00	100.00
5	雅　安	85.70	77.80	92.00	100.00
6	绵　阳	82.30	91.00	72.00	80.00
7	巴　中	80.40	78.40	83.00	80.00
8	自　贡	80.00	82.40	72.00	100.00
9	达　州	79.60	78.40	81.00	80.00
10	眉　山	78.80	80.80	71.00	100.00
10	甘　孜	78.80	68.80	86.00	100.00
12	成　都	76.50	60.20	91.00	100.00
13	攀枝花	76.40	68.80	85.00	80.00
14	阿　坝	75.80	69.20	78.00	100.00
14	德　阳	75.80	66.80	86.00	80.00

续表

排名	市（州）	总分	人大监督（50%）	代表履职（40%）	公开平台（10%）
16	广　元	75. 60	66. 40	86. 00	80. 00
17	遂　宁	74. 10	68. 20	75. 00	100. 00
18	南　充	72. 50	56. 20	86. 00	100. 00
19	乐　山	69. 80	57. 20	78. 00	100. 00
20	凉　山	65. 50	61. 40	72. 00	60. 00
21	内　江	54. 90	45. 80	80. 00	0. 00

二　亮点与创新

评估发现，四川省各市（州）人大工作开展顺利，总体情况良好，充分发挥了市（州）人大的监督职能，保证了人大代表的活动经费，为人大代表充分发挥职能提供了充足的保障。

（一）重视执法检查，落实法律法规

人大常委会对法律、行政法规、地方性法规进行执法检查，一方面有利于法律法规的落实，指导制度落地；另一方面有助于发现法律法规的漏洞，为下一步修改法律法规，或者制定实施性的地方性法规奠定基础。四川省各市（州）人大执法检查具有如下特点。（1）执法检查全覆盖。四川省各市（州）非常重视发挥执法检查的作用，21 个市（州）均开展了执法检查工作，覆盖率为 100%。有的市（州）多次开展执法检查活动，如绵阳市 2016 年开展了 11 次执法检查，凉山州开展了 9 次执法检查。此外，所有执法检查工作均形成了详细的执法检查报告，对目前法律法规的实施情况、取得的成效、现有的问题等内容进行详细的分析，并在此基础上提出相应的建议。（2）敢于直面难题，关注重点领域。项目组对各地执法检查的报告进行汇总后发现，2016 年各市（州）执法检查的重点主要集中在《安全生产法》《食品安全法》《环境保护法》《水法》等与社会公众息息相关的重点领域，加强重点领域的执法检查，有利于解决公众最关心的社会问题，如多个市（州）对于《环境保护法》进行了执法检查并形成执法检查报告，一方面，公众通过执法检查详细地知晓了本市（州）环境治理情况，得到了最为权威可靠的数据，保障了公众的知情权；另一方面，政府通过人大的执法检查可以检视自身工作存在的漏洞，有利于进一步改进执法监管。（3）问题挖掘深刻透彻，意见建议客观可行。各市（州）对于执法检查过程中问题的挖掘较为深刻透彻，如遂宁市人大常委会就《食品安全法》的执法检查报告提出的问题是小作坊隐患多、监管难度大、监管存在盲区。此外，对于意见和建议，各市（州）大都提出了切实可行的、具有操作性的意见，而非简单提出“大力×××”“强化×××”“健全×××”等大而化之的建议，如广安市人大常委会在《旅游法》和《旅游条例》的执法检查报告中，建议“把岳池灯戏、华蓥山幺妹等富有广安特色的民俗演出搬上舞台，以此叫响广安旅游品牌”。

（二）注重专题询问，强化人大监督

专题询问是《监督法》赋予人大常委会的权力，通过专题询问，可以强化人大监督职能，增强人大监督工作的针对性；可以有效获得全社会对人大工作的广泛支持；可以促进政府依法行政、法院检察院公正司法。四川省各市（州）人大常委会普遍注重此项制度的落实，形成了一套行之有效的监督模式。总体而言，四川省各市（州）专题询问具有如下特点。（1）专题询问开展率高。2016年，在21个市（州）中，除了部分市（州）因人大换届外基本都开展了专题询问，专题询问已经成为市（州）人大常委会重要的监督手段，如宜宾市就养老服务业情况对政府进行了询问、眉山市人大常委会就政府推进农村改革情况进行了监督。（2）专题询问覆盖面广。从已有的专题询问的议题来看，2016年专题询问主要集中在城市建设与管理、环境生态保护、扶贫攻坚、食品安全、国企改革等方面，部分市（州）则建立了公开征集监督议题的制度，选择公众最关心的问题对相关部门进行专题询问，如泸州市健全监督议题公开征集制度，探索建立主任会议听取政府部门工作情况汇报制度，加强对审议意见、评议意见的跟踪督办，强化重点领域跟踪监督。（3）专题询问效果较好。政府以及司法机关针对专题询问提出的问题、意见以及建议，均会认真督办形成办理情况汇报材料，如广安围绕城镇污水处理厂（站）运行监管工作情况、投资促进工作、城市住宅小区房屋维修基金管理情况等共开展专题询问6次，专题询问后，市人大常委会将常委会组成人员的评议意见和专题询问中提出的意见和建议交市政府研究办理，并将研究办理情况报告列入常委会会议议题进行审议，保证专题询问效果达到最佳。

（三）跟踪机制健全，督查监管有力

跟踪督查是确保执法检查和专题询问得以落实的重要手段，四川省各市（州）严格依照《监督法》的要求，将执法检查报告和审议意见交由负责法律实施的“一府两院”及相关部门研究处理，并限时要求反馈研究处理结果。为了保障相关部门能够认真处理，各市（州）均建立健全了跟踪督查的相关机制。（1）将跟踪督办纳入绩效考核。有些市（州）建立了相关的绩效考核标准，促使相关部门能够认真落实质量检查和审议意见。例如，巴中市人大依据《巴中市人民代表大会代表建议、批评和意见办理办法》，对于人大常委会或人大代表交办的事项未予以落实，或者无方案、无办理机构和办理人员的部门，均会扣除相应的绩效分数。（2）充分利用满意度评估。对于人大督办事项的效果，部分市（州）充分利用满意度评估的方式，如眉山市人大在市政府办理结束后，会形成书面办理情况报告提交市人大常委会审议，并进行满意度评估，从而督促整改落实。

（四）提供活动经费，保障代表履职

《代表法》第35条规定："代表的活动经费，应当列入本级财政预算予以保障，专款专用。"实践中，由于上述规定过于笼统空泛，没有写清楚代表的哪些活动应当由本级财政保障，哪些内容应当专款专用，因而很难落实。四川省部分市（州）尝试制定相关的文件，对代表活动经费予以规范。例如，广安市制定了《广安市人大代表活动经费管理办法》，规定代表活动经费列入本级财政预算，并且随着代表工作的需要和本级财政收入的增加而逐步增加；坚持"专款专用、服务代表"原则，主要用于代表小组活动、代表视察、执法检查、工作调研以及代表活动的资料费、培训费、食宿费、交通费、无固定收入代表的误工补贴等。下拨给县（市、区）的代表活动经费由县（市、区）人大常委会拨付各代表小组，由代表小组组长负责管理，主要用于代表活动、代表小组活动、考核代表履职情况及评选先进代表等使用。

经费保障对于人大代表履职有较大的影响，在调查研究、执法检查、专题询问过程中，代表需要投入大量的经费，若经费欠缺就难以开展上述工作，如果接受来自公司企业、社会团体以及个人的出资赞助，那么代表履职行为便可能偏离初衷，成为利益集团的代言人。欠缺经费还会增加代表的经济负担，影响代表工作的积极性。四川省各市（州）重视代表活动经费的保障工作，各市（州）基本在1000—3600元/人之间不等，上述经费能够帮助代表开展部分调研活动（详见表7）。由于经费保障到位，一些人大代表主动深入群众中了解民情，开展各种考察和调研，并形成相关的建议报告，如内江市人大代表便利用业余时间充分调研，主动提出加强法治文化传播经费保障的建议。

表7　　各市（州）人大代表活动经费

市（州）	代表活动经费（元/人）	人均 GDP（2016 年）（元）
成　都	3600	77470
攀枝花	3600	82327
内　江	2500	34700
巴　中	2000	16363
甘　孜	2000	19727
广　元	2000	25095
南　充	2000	25949
达　州	2000	25991
广　安	2000	33223
泸　州	2000	34582
雅　安	2000	35255
宜　宾	2000	36816
眉　山	2000	37225
资　阳	2000	37481
德　阳	2000	49882
凉　山	1900	29998
绵　阳	1800	38358
阿　坝	1600	30246
自　贡	1600	44566
遂　宁	1500	82327
乐　山	1000	43140

（五）扩大民主参与，代表列席会议

扩大公民有序的政治参与，是坚持和完善社会主义民主制度的有效途径，是建设社会主义政治文明的重要内容。四川省各市（州）人大常委会每次均会邀请部分人大代表参与或列席，扩大民主参与的力度（详见图 1）。2016 年资阳市人大代表列席常委会 43 人次，约占市人大代表数的 10%。邀请代表列席人大常委会会议，一方面可以拉近人大常委会与代表之间的距离，保障人民代表的参与权、知情权和监督权，更好地集中民智、反映民意，提高常委会决策的民主化、科学化水平。例如，德阳市人大常委会每年都会接收到来自人大代表的各种议案或建议，这些议案经过长期认真的调研，针对性和可操作性较强，提高了德阳市人大常委会的决策水平。另一方面，邀请人大代表列席常委会是促进代表行使职权、执行职务的最好工作方式。通过邀请人大代表列席人大常委会会议，既培养锻炼了人大代表的参政议政能力，又促进了市人大常委会权力公开透明运行和重大事项决定权的行使、监督工作的进程，更好地为维护广大人民群众的利益出谋划策，进一步发挥人大代表在推进依法治市、促进经济社会发展中的重要作用。

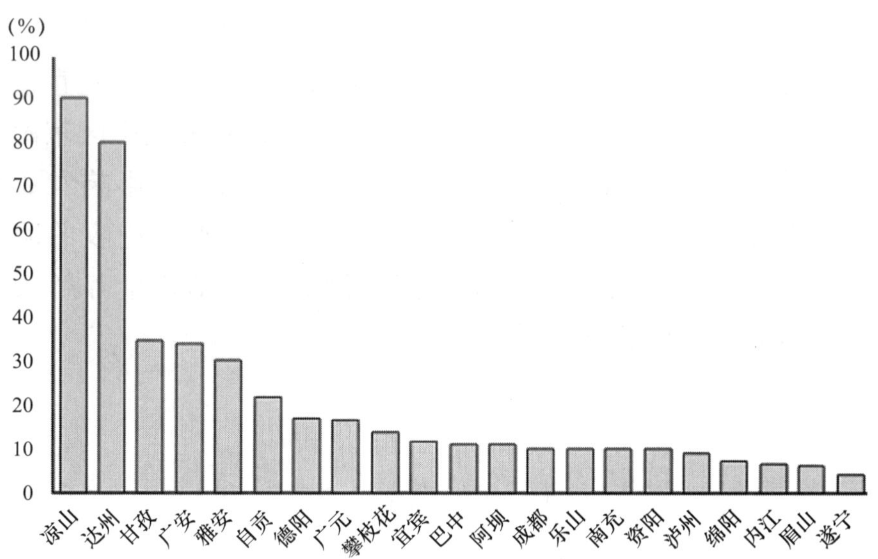

图 1　各市（州）人大代表列席常委会的比例

(六) 加强基层联络,深化工作交流

人大基层联络点可以将代表的触角延伸至基层，方便人大代表及时听取群众意见，反映群众疾苦，为群众排忧解难。四川省重视人大代表与选民的交流，除了宜宾市之外，均设置了基层联络点。人大代表基层联络点的设置可以起到多重积极作用。首先，可以收集社情民意，形成事关经济社会发展、民生事业建设的代表议案，使代表提出的问题更加“有底气”，代表提出的议案更加“接地气”，代表提出的建议更加“有灵气”。其次，可以加强与选民、群众的沟通与交流。有些市（州）设置了数量庞大的基层联络点，如泸州市设置了489个基层联络点，拉近了人大代表与选民的距离，方便了人大代表与选民和群众沟通，强化了人大代表在基层的存在感。再次，可以丰富法治宣传手段。人大代表通过基层联络点就社会关注的热点问题，开展各种法治宣传讲话和法治活动，极大地丰富了法治宣传手段，营造了良好的社会法治氛围。最后，可以拓展代表履职监督方式。有些直接将公众的意见反馈给政府，要求政府督办，如德阳市旌阳区东湖乡人大代表通过基层联络点了解到人民渠因淤泥堵塞影响农业灌溉，致使拱桥村水稻严重干旱，造成100余亩水稻绝收的问题后，及时与乡政府联系，落实了清除淤泥、补助资金等解决措施，群众对办理结果非常满意。

三　发现的主要问题

在肯定四川省各市（州）人大监督工作取得成效的同时，项目组发现了一些问题值得关注。

（一）常委会人力资源较薄弱

人大常委会在人大闭会期间行使包括监督、任免、决定以及立法在内的部分职权，上述权能的实施与实现需要足够的人员保障。而评估发现，四川省各市（州）人大常委会的人力资源都相对较为薄弱。其一，人大常委会的工作人员总体数量不足。各市（州）人大常委会除了监督、任免、决定这三项权力之外，部分市（州）还增加了立法权。上述权能的行使需要配备充足的人员，但各市（州）人大常委会总共仅有30—40名工作人员，部分办事机构工作人员更加稀缺，如攀枝花市人大常委会法制委员会仅有2名工作人员。这样的人员编制数量对于上述职能的履行略显单薄，极有可能顾此失彼。例如，绵阳市在自报材料中显示2016年进行了11次执法检查，但专题询问却仅有1次。其二，人大常委会专业人才不足。人大工作需要大量专业人才，执法检查需要对法律法规有着深刻的把握和认识，专题询问需要对相关领域有着大致的了解。尽管各市（州）都进行了执法检查和专题询问，但从执法检查报告和专题询问记录来看，各级人大缺少专业人才，尤其是缺少精通法律的专业人才。例如对于执法检查的建议基本都是如何增强意识、如何完善体系、如何建立机制、如何提高水平，如何加强监管，很少能够从制度层面深入分析法律法规的不足，更无法为法律法规修改提供建议。

（二）执法检查公开不够到位

人大执法检查是检验法律法规实施情况的重要手段，也是人大监督的重要抓手。根据《监督法》第23、27条之规定，人大常委会应当将年度执法检查计划、执法检查报告以及审议意见向社会公开。① 但调研发现，年度执法检查计划和执法检查报告公开情况并不乐观。21个市（州）中，仅有6个市（州）在门户网站中向公众公开了年度执法检查计划，有8个市（州）通过人大常委会公报、会议材料等方式内部公开了执法检查计划，有7个市（州）没有制定执法检查计划。在执法检查报告方面，有8个市（州）在门户网站中向公众公开了执法检查报告，有13个市（州）通过发放会议材料等方式向职能部门公开。

在互联网时代，人大常委会门户网站是公众了解人大工作的第一平台，《监督法》《代表法》以及《选举法》中要求公开的内容应当在门户网站中有所体现，尤其是执法检查报告，其内容既有对现状的描述，又有对问题的分析，还有对策与建议。这些内容的公开有利于公众了解人大的工作，有助于公民支持人大各项决策，有益于人大搜集并整理公众意见，提高工作质效。

① 《监督法》第23条规定：“常务委员会年度执法检查计划，经委员长会议或者主任会议通过，印发常务委员会组成人员并向社会公布。”第27条规定：“常务委员会的执法检查报告及审议意见，人民政府、人民法院或者人民检察院对其研究处理情况的报告，向本级人民代表大会代表通报并向社会公布。”

（三）代表经费保障有待加强

充足的经费支持是代表活动的重要保障，代表的培训、代表履职的顺利开展必须有经费支持，否则代表履职便会成为空中楼阁。四川省各市（州）在人大代表经费保障方面取得了良好的成绩，但与一些经济发达的地区相比，四川省人大代表活动经费保障仍有差距。如早在2008年，北京市人大代表的活动经费便已经达到5000元/人，远超四川省现在的水平。需要指出的是，代表活动经费与地区经济发展存在一定的关系，经济发展越好的地区，人大代表活动经费越充足，因此，随着经济的发展，人大代表活动经费保障需要进一步加强。此外，代表活动经费作为财政保障的重要内容，其发放和使用情况应当接受公众的监督，但目前在四川省各市（州）人大常委会门户网站中均未发现公开代表活动经费的发放情况，也没有发现公开代表活动经费的使用情况。由于人大代表活动经费来自同级财政拨款，属于专款专用，那么就应当对经费的发放和使用情况进行监督。但是应当由谁监督并不明确，应当通过什么方式监督仍缺少规定。同时，代表活动经费发放和使用还存在其他问题。其一，部分政府官员同时也是市（州）的人大代表，那么作为人大代表的官员可否接受代表活动经费？若可以接受，那么这份额外收入是否违规违纪？若不可以接受，那么代表活动的必要支出由谁来保障？其二，每一位使用代表活动经费的代表是否需要向选民公开使用情况？若需要向选民公开，那么应如何公开，通过什么样的方式公开？若不需要公开，那么不公开的理由是什么？有无制度依据？

（四）门户网站建设参差不齐

人大常委会门户网站是人大的重要发布平台，网站建设的好坏，一方面影响公众获知信息的便捷性；另一方面则反映了人大工作的质量。项目组在评估过程中，对各市（州）人大门户网站的建设情况进行了简单的评估，主要观测人大门户网站的友好性和搜索平台是否可用。经过评估发现，市（州）之间网站建设水平参差不齐，部分门户网站建设停滞，没有得到有效的维护和更新。评估发现，有6个市（州）的人大常委会门户网站无法正常搜索，有2个市（州）的人大常委会门户网站栏目设置不合理、分类不清晰、无法进行有效的查询，有1个市（州）的人大常委会门户网站无法正常阅读。地方人大网站本应成为公众联系代表，充分了解并表达意见的平台，由于网站建设的问题，门户网站连接选民和代表的功能严重受损，仅仅成为宣传工作的平台。即便如此，由于部分市（州）人大常委会门户网站板块设置不合理、板块里的内容放置不科学、板块下内容长期不更新，人大常委会门户网站的宣传功能也大打折扣。

（五）代表履职公开并不乐观

尽管各市（州）都全力保障人大代表的经费，为人大代表履职提供便利，邀请人大代表参与常委会日常工作，但人大常委会门户网站对于代表履职情况并没有给予充分的公开，甚至有些法律要求公开的内容也未得到有效的落实。如《代表法》第42条要求公开代表建议、批评和意见办理情况的报告，但在各市（州）人大门户网站中很少看到代表履职的情况，也看不到代表对政府、法院、检察院的建议、批评和意见情况，更看不到“一府两院”对代表批评和意见的办理情况。对人大代表履职公开工作的忽视一方面不利于激发人大代表工作的积极性，另一方面也影响选民对代表的看法。

四　完善建议

（一）加强人大人员保障

作为监督机关，人大需要有足够的能力监督政府、法院和检察院的工作，而不是“一府两院说什么，人大信什么”。这就要求人大常委会拥有足够的专业人才，对“一府两院”的工作进行有效的监督并提出建设性的意见；作为权力机关，人大需要保证决策符合宪法法律的规定、符合经济社会发展的需要，这就要求人大常委会配备大量懂法律、懂社会、懂经济的专业人才，组建强大的专业队伍，避免人大决策走形式、走过场。作为立法机关，人大需要储备大量的立法专家保障立法的民主性和科学性。但实践中由于人大常委会编制有限，无法满足常委会的人才需求，建议四川省各市（州）人大可以通过普遍组建专家库的方式弥补缺少专业人才的缺陷，通过建立咨询委员会的方式填补人员编制不足的问题，通过引入中立的第三方评估发现人大工作漏洞。专家库可以极大地充实人大的人员力量，四川省已有部分市（州）进行了尝试，如内江市成立了预算审查咨询专家库，遂宁市成立了地方立法咨询专家库。咨询委员会可以为人大工作提供意见建议，全国各地已有部分城市成立咨询委员会，如青岛市于2013 年成立咨询委员会，其主要职能是提高立法质量、协助常委会开展监督工作、推进科学民主决策。第三方评估可以增强人大监督的专业性，减少部门利益的干扰，发现人大工作的漏洞，填补人大人员配备不足的缺陷。

（二）加强人大工作公开

公开是《监督法》对人大工作的基本要求之一，也是人大执法检查、专题询问获得实效的重要方法。针对四川省各市（州）人大公开工作不佳的情况，建议四川省各市（州）加强对年度执法检查、执法检查报告、专题询问、审议意见等信息的公开。同时“一府两院”关于上述内容的研究处理情况，除涉及国家秘密、商业秘密以及个人隐私的信息之外，都应当向社会公开。部分市（州）在公开平台上选择了人大常委会公报而非人大常委会门户网站，尽管《监督法》并没有要求必须在网站中公开，但公报方式存在传播范围小、传播力度弱、获取成本高等问题，影响人大公开的效果。因此，建议四川省各市（州）将人大门户网站作为公开的第一平台，扩大公开的影响范围、增强人大的工作质效、强化对人大工作的宣传力度。

四川省各市（州）在加强公开工作的同时，还应善用媒体的力量，对于人大的工作，要坚持以正面宣传为主的方针，广泛宣传执法检查的目的、意义、内容、进展及实际效果；对严重违法违纪的问题或行为，要予以公开曝光；对一些社会关注、群众关心的热点问题的整改落实情况要进行集中、系列的报道，努力形成联动效应，营造推动整改的舆论声势，使人大工作取得良好的社会效果。

（三）规范代表活动经费

四川省各市（州）应当进一步规范代表的活动经费，一方面，有必要规定代表活动经费的最低限额，并随着经济的发展逐步提高人大代表的活动经费，使代表在履职活动有充足的资金保障；另一方面，有必要规范活动经费的发放情况。截至评估结束，仅有广安市等部分市（州）制定了代表活动经费的使用办法，四川省以及其他市（州）对此并没有明确的规定。这样就容易导致代表活动经费的发放、使用和监督缺少制度规范，当下急需对代表活动经费进行有效的规制。代表经费的发放需要纳入同级财政预算，代表经费的使用应当严格按照预算执行，代表经费的监管需要在人大常委会门户网站中公开，以便接受公众监督。此外，对于政府官员兼任人大代表的情况，是否发放代表活动经费，如何发放代表活动经费等问题还需进一步研究。

（四）优化人大网站建设

人大网站是反映人大工作的重要平台，网站建设应当尽量便于公众获取信息，因此网站板块应当尽量分类清晰，项目组建议市（州）人大常委会门户网站根据人大职权分为：人大概述、人大监督、代表履职、地方立法、重大决定、选举罢免以及重要新闻等。各项信息根据其内容放置在对应板块之下，方便公众查询。同时借鉴商业网站设置搜索栏目，提供健全的查询检索功能，方便公众在难以找到内容的情况下通过搜索栏目查找。

（五）公开代表履职情况

《代表法》第4条第5款规定：“人大代表应当与原选区选民或者原选举单位和人民群众保持密切联系，听取和反映他们的意见和要求，努力为人民服务。”代表是否听取选民的意见，是否反映选民的要求，是否努力为人民服务应当接受选民的监督。这就要求每位代表每年提交的议案、参与的各种活动以及发挥的作用均应当详细记录在案，并及时对选民公开。这样既有利于选民了解代表的工作情况，对代表的工作给予支持和理解，又有利于加强对代表的监督，督促其严格依照《代表法》履职，同时还可以增加代表活动的曝光频次，激发代表活动的积极性，促进代表履职形成良性循环。

第四篇　依法行政

一　评估概况

根据“四川省市（州）法治第三方评估指标体系”，“法治政府”板块包含“放管服”“维护司法权威”“依法决策”“行政执法”和“政务公开”等五部分内容。鉴于“政务公开”部分内容较多，且在我国法治政府建设中的地位越发凸显，本报告将“政务公开”部分单独成篇（即本报告第五篇），而将“放管服”“维护司法权威”“依法决策”和“行政执法”四个板块的内容统一在“依法行政”部分进行分析。

各级政府及其部门作为国家权力机关的执行机关，负有严格贯彻落实宪法和法律的重要职责。法治政府的基本建成，是2020年全面建成小康社会的重要目标之一。建成职能科学、权责法定、执法严明、廉洁高效、守法诚信的法治政府，构成地方法治建设的重要组成部分。四川省委、省政府印发《四川省法治政府建设实施方案（2016—2020年）》，深入推进依法行政，为深入实施“三大发展战略”、奋力推进“两个跨越”和谱写“中国梦”四川篇章提供有力的法治保障。

依法行政板块主要考察放管服、维护司法权威、依法决策、行政执法。政务公开由于其特殊性独立成篇，单独评估（依法行政具体评估指标见表8）。

表 8　　依法行政评估指标

二级指标	三级指标	四级指标
放管服（25%）	简政放权（20%）	行政审批“零超时”（100%）
	放管结合（60%）	建立“一单、两库、一细则”（35%）
		建立市场综合监管（35%）
		建立行业准入负面清单（30%）
	优化服务（20%）	政务服务向基层延伸（40%）
		行政审批程序简化（60%）
维护司法权威（25%）	尊重并执行法院生效裁判（100%）	是否存在不主动履行法院生效裁判的情况（50%）
		2016 年开庭审理的被诉案件中负责人出庭应诉比例（50%）
依法决策（25%）	法定程序（60%）	是否进行调查研究（10%）
		重大决策是否公开征求公众意见并作出反馈（20%）
		是否进行法律咨询（20%）
		是否进行合法性审查（20%）
		是否落实专家论证制度（20%）
		是否进行风险评估（10%）
	法律顾问（20%）	是否聘用法律顾问（100%）
	终身问责（20%）	是否建立重大决策责任倒查机制（50%）
		是否建立终身追究制度（50%）
行政执法（25%）	重大执法决定法治审核（60%）	是否有重大执法决定法治审核的记录（100%）
	执法案卷评查机制（40%）	是否有案卷评查的文件（50%）
		是否有案卷评查的评价标准（50%）

依法行政板块的总体评估结果显示，绝大部分的市（州）完成了全国、省里关于法治政府建设的“必备动作”；一些地

方还有不少创新探索的“自选动作”，亮点纷呈，值得关注和总结（政府依法行政总体得分情况见表9）。

表9 依法行政评估结果

排名	市（州）	总分	放管服（25%）	维护司法权威（25%）	依法决策（25%）	行政执法（25%）
1	成　都	99.40	100.00	100.00	97.60	100.00
2	乐　山	96.25	100.00	93.00	92.00	100.00
3	遂　宁	90.00	68.00	100.00	92.00	100.00
4	泸　州	88.65	61.60	93.00	100.00	100.00
5	宜　宾	86.90	61.60	86.00	100.00	100.00
6	雅　安	86.75	68.00	79.00	100.00	100.00
6	眉　山	86.75	68.00	79.00	100.00	100.00
8	内　江	86.50	68.00	86.00	92.00	100.00
9	广　安	85.60	42.40	100.00	100.00	100.00
10	自　贡	84.00	36.00	100.00	100.00	100.00
10	资　阳	84.00	44.00	100.00	92.00	100.00
12	广　元	82.00	68.00	72.00	100.00	88.00
13	德　阳	81.55	55.20	79.00	92.00	100.00
14	绵　阳	80.40	61.60	72.00	100.00	88.00
15	达　州	79.25	36.00	93.00	88.00	100.00
16	巴　中	74.05	36.00	79.00	81.20	100.00
17	南　充	74.00	36.00	72.00	100.00	88.00
18	阿　坝	70.45	40.80	79.00	74.00	88.00
19	凉　山	66.80	55.20	72.00	100.00	40.00
20	甘　孜	64.25	36.00	93.00	88.00	40.00
21	攀枝花	59.00	36.00	72.00	88.00	40.00

二　亮点与创新

四川省的法治政府建设工作，既有严格落实中央法律政策部署安排的一面，也有适应地方特色满足地方需求自主创新的一面，各市（州）在依法行政方面进行积极的创新，其经验值得归纳总结。

（一）行政决策制度规范化

行政决策作为行政管理工作的核心之一，是行政管理活动的首要环节和重要内容。对地方政府而言，完善行政决策机制是现代法治政府的内在需求，为现代社会发展所必需。《中共中央关于全面推进依法治国若干重大问题的决定》提出“把公众参与、专家论证、风险评估、合法性审查、集体讨论决定确定为重大行政决策法定程序”，为行政决策程序法定化打下扎实基础。为此，四川省把规范行政决策作为法治政府建设的基础工程。2015 年以来四川省政府先后出台《四川省重大行政决策程序规定》《四川省行政决策合法性审查规定》《四川省行政决策责任追究暂行办法》等地方政府规章、规范性文件以加强行政决策的合法性。此外，各市（州）亦非常重视行政决策制度化和程序化的建设。评估结果显示，已有 16 个市（州）建立完善并落实了行政决策的调查研究、意见搜集汇总与反馈、法律咨询、合法性审查、专家论证、风险评估等法定程序。在法定程序的基础上，一些市

（州）还进行了机制创新确保制度落实科学可操作。例如，德阳市在重大行政决策的调查研究环节，为充分听取意见，要求征求意见建议的时间不少于15日，对于涉及面广、与群众利益密切相关的决策事项在形成备选方案后再通过听证会等方式多轮征求意见。达州市将合法性审查作为程序建设的重中之重，从形式上、程序上、专业上进行审查，特别是对于招商引资类的重大决策，进行严格全面的审查，对于确保决策合法发挥关键作用。一些市（州）还建立了重大决策的实施情况后评估制度。例如，达州市对于委托专业机构进行评估的，为避免出现新的“王婆卖瓜自卖自夸”现象，实行回避原则要求后评估的专业机构须未参加过决策拟定阶段的论证、评估工作。

实践中，一些地方存在着行政决策主体权力多而责任少，责任追究困难重重等问题。问责机制对于行政决策一系列法律制度的落实，打造责任政府具有重要意义，有利于防范“决策时拍脑袋，执行时拍胸脯，失误时拍屁股”的“三拍”现象。四川省已有14个市（州）建立起责任倒查和终身问责机制；另外7个市（州），也在责任倒查和终身问责方面有所推进。

（二）放管服改革不打折扣

放管服是新时期深化行政体制改革、转变政府职能的关键部分，对于打造法治政府、创新政府、服务政府，都有着重要意义。特别是面对经济新常态和错综复杂的国内外形势，放管服更可释放社会经济活力。其要求包括简政放权、放管结合、优化服务三大方面，从国务院到四川省、市各级，在放管服方面都着力甚巨、成效显著。四川省人民政府办公厅下发《关于印发四川省简化优化公共服务流程方便基层群众办事创业工作方案的通知》（川办函〔2016〕11号），部分市（州）也下发了贯彻落实的文件。

随着中央启动相对集中行政许可权改革，四川省成都市武侯区、绵阳市江油市、巴中市被列为试点地区，这些地方进行积极探索，改革成效斐然。江油市通过设立行政审批局，全面实施“审管分离”，将住建、国土、食药等24个部门的245项审批职能成建制划转给行政审批局，构建了一颗印章审批的运行机制，实现许可权真正集中。此外，江油市集中审批后进行流程再造，实施容缺后补、帮办代办、联审联办、电子政务等多项优化服务，审批办理效能和群众满意率均大幅提升。

为推进行政审批的流程优化，四川省在已有开展横向并联审批的基础上，着力推进省市县三级纵向联动审批和跨行政区域并联审批，全面实施联合图审、联合踏勘、多证联办，引入落实行政审批超时默认机制、联合审批缺席默认制，企业负担大幅减轻，多头提交材料、耗时过长、环节烦琐等弊病减轻。在简政放权方面，巴中市将安全监管、质监、农机、公安等7个部门的安全隐患复查、简易程序处罚、乡村道路上违法的暂扣证照等4类共43项涉及安全生产的职权全部下放给乡镇，有效克服了“看到管不到、管到看不到”的弊病。南充市则以“真放、严管、贴心服”为主线，落实放管服改革。

行政审批按时办结，既是高效便民的基本要求，也是打造服务政府的基础。评估结果显示，21个市（州）的行政审批办理，均未出现超时现象，平均办结时间均在4个工作日以内，办理提速均在80%以上，当日受理办结率均在40%以上，提前办结率均在90%以上。

受传统人情社会的影响，选择性执法、执法结果畸轻畸重、同案不同罚的问题长期困扰着行政机关。对此，四川省全面贯彻双随机抽查执法模式，监管人员与监管对象的监管关系仅发生在特定抽查工作中，有效防止了“任性”检查、人情检查情况的发生。2016年3月5日，国务院在《政府工作报告》中明确提出了全面推行“双随机一公开”监管的要求。21个市（州）均设置了随机抽查事项清单，建立了执法检查人员名单库，设置了随机抽查工作细则。

市场综合监管改革是中央、四川省正在推进的改革。作为响应中央全面深化改革的重要举措，根据四川省委省政府的决策部署，成都、自贡、乐山、绵阳等多个市（州）建立了市场综合监管机构进行相关改革。

负面清单指政府规定哪些经济领域不开放，除了清单上的禁区，其他行业、领域和经济活动都予准许。实施负面清单机制，对于发挥市场在资源配置中的决定性作用至关重要。根据《国务院关于实行市场准入负面清单制度的意见》（国发〔2015〕55号），负面清单是指国务院以清单方式明确列出在中华人民共和国境内禁止和限制投资经营的行业领域业务。成都、广元、内江、眉山、资阳等8个市（州）设置了负面清单，占全部21个市（州）的38.1%。① 另外，值得一提的是，多个市（州）已经完成了负面清单初稿的编制工作，如阿坝州13个县（市）均完成了国家重点生态功能区产业准入负面清单初稿的编制工作，后续流程也在有条不紊地推进中。

（三）行政执法规范有力有序

行政执法是政府机关履行公共管理服务职能、维护经济社会秩序的基本方式，完善执法程序，落实执法责任，确保严格规范公正文明执法对于法治目标的实现具有重要作用。对此，项目组设计了重大行政执法决定的法制审核机制和执法案件评查机制两个主要指标。

① 在此也须指出，根据前述《国务院关于实行市场准入负面清单制度的意见》（国发〔2015〕55号），市场准入负面清单由国务院统一制定发布，地方政府需进行调整的，由省级人民政府报国务院批准。

在重大行政执法决定的法制审核方面，《法治政府建设实施纲要（2015—2020年）》要求“严格执行重大行政执法决定法制审核制度，未经法制审核或者审核未通过的，不得作出决定”。《四川省重大行政执法决定法制审核试行办法》已然出台。为规范行政处罚程序，四川省在1997年就施行了《四川省行政处罚听证程序暂行规定》，为进一步提升行政处罚听证程序的流程规范化，《四川省行政处罚听证程序规定》于2017年1月17日正式出台。评估结果显示，有14个市（州）出台专门文件，并提供了审核记录的实例。有7个市（州）虽然执行该项制度，但或未出台专门文件，或未向项目组提供审核记录。例如，绵阳市表示将根据省里规定制定具体的操作办法。

执法案卷评查机制是通过对行政执法案卷调查取证、法律适用、裁量权行使、调查决定程序等要素的评阅、审查，发现行政执法存在的问题。因而，执法案卷评查机制对于提高行政执法质量、规范行政执法行为具有重要作用。项目组重点对评查依据、标准等进行评估。结果显示，所有被评估的21个市（州）均出台了执法案卷评查的文件，明确案卷评查的标准，覆盖率达到100%。

我国不少地方的执法资源配置存在着头重脚轻的不平衡现象，层级越高，执法机构与队伍建设相对越齐备，而越往下到乡镇、街道，执法力量却较为薄弱，远远无法满足执法需求。四川省通过下沉执法力量，探索综合执法，将执法体制改革与地方特色相结合。四川省各地根据本市（州）的特点，合理分配执法力量，提升基层执法的能力。例如，巴中市探索安全监管执法改革，综合考虑交通分割、中心镇设置、监管重点、人口密度等因素，将全市198个乡镇（街道）划分为21个片区，在每个片区设立安全监察执法中队。执法监察中队设立后，通过划转、调剂等方式，为全市21个执法监察中队增加编制83名，整合县（区）安监局力量到中队工作，确保每个中队不少于3名人员，其中至少有2名专职执法人员。由此，乡镇、街道层面的执法能力显著提升。

在综合执法保障上，乐山市、攀枝花市、泸州市等地纷纷开展了综合行政执法体制改革，着力破解行政执法工作中存在的体制机制问题，为推进全省乃至全国的行政执法体制改革提供可复制、可推广的实践经验。乐山市作为四川省“依法治旅兴旅试验区”，为促进当地旅游行业健康可持续发展，探索建立“旅游综合执法支队”，开展旅游、农业、市场监管综合行政执法试点。乐山市公安局设立“旅游警察支队”，以执法队伍保障为支撑，在景区重点区域、车站、索道等人员密集场所实施常态化巡逻。在此基础上，峨眉山市政府和景区管委会设立综合整治执勤机动组、旅游综合执法执勤点，一方面严厉打击扰乱旅游市场秩序的行为，另一方面为游客提供旅游咨询、医疗救助、法律援助等服务。

四川省各市（州）还积极通过制度创新提升监管水平。食品药品安全事关千家万户的生命健康，其执法监管受到广泛关注。四川省各市（州）将完善食品药品监管作为行政执法的重要任务。自贡市将食品药品安全作为维护社会稳定的三条底线之一。为提升维护食品药品安全秩序的能力，除编制一单两库、建立双随机抽查机制外，还构建行政执法与刑事犯罪案件衔接机制，以增强执法监管的震慑力。具体做法为，由市检察院、公安局、食药监局三方成立联席会议工作组，自贡市食药监局与市中级人民法院联合印发《关于建立食品药品监管行政机关与人民法院沟通协调机制的意见》，对食品药品违法疑难案件法律适用等问题进行定期研讨，制定了《自贡市食品药品涉嫌犯罪涉案物品认定工作暂行办法》，规范食品药品涉嫌犯罪涉案物品认定工作，提升了食品药品行政执法与刑事司法衔接工作效能。南充市启动食品药品安全的“你抽我检”活动，将传统封闭式运行、行政主导、知情度不高，甚至偶有监管共谋发生的传统日常执法抽样检查，转变为向公众开放、透明运行、威慑力强、可信度高的新型执法机制。

为加大对违法建设行为的行政执法打击力度，巴中市坚持拆违与控违同步进行。对于新增违法建设一律严查严办，依法依规拆除；对于历史遗留的存量违法建设则排查锁定，分步骤消化处理。为提升执法能力，首次对城市规划区开展无人机航拍，形成空中巡查与地面巡查的立体行政调查执法模式。泸州市为打击“三违”建设（包括违法占地、违法建设、违法占用河道），采取“三清三断”措施，即建筑工人清走、在场建材清空、建筑机器清离，并断水、断电、断气；泸州市叙永县还采取控源管理措施，即对于非法经营的砖厂、石粉厂予以整改、关闭，对于向“三违”建设提供建筑材料的厂商和无证车辆予以严厉查处，从源头上予以控制。南充市在公安交通执法领域探索“严管”模式，对特定街道、区域实行严管，对违停乱放等违法行为零容忍，一律实施顶格处罚，城市交通管理秩序为之焕然一新。

（四）法律顾问制度发挥实效

《中共中央关于全面推进依法治国若干重大问题的决定》提出要“积极推行政府法律顾问制度”，在其功能定位上要求“保证法律顾问在制定重大行政决策、推进依法行政中发挥积极作用”。四川省出台了《四川省人民政府法律顾问团管理办法》，推进法治政府建设、避免决策执法风险。四川全省 21 个市（州），均建立并实施法律顾问制度，实现了法律顾问的全覆盖。其中，南充市还将政府法律顾问团的年度工作总结主动上网公开，公开了法律顾问团的工作情况、仍存在不足和下一步的工作打算。①

① 《南充市政府法律顾问团 2016 年度工作总结》，http：//www.nanchong.gov.cn/10000/10003/10201/10222/2017/02/23/10135498.shtml，2017 年 2 月 27 日最后访问。

达州市出台《达州市党政法律顾问团管理办法》，成立党政法律顾问团；实行“大顾问、大服务”体制，法律顾问团的服务对象包括市委及其工作部门、市政府及其职能部门、市群团组织等，一体提供法律服务。这种做法确保市级法律服务的公平统一，减少了不必要的重复浪费。

（五）复议应诉倒逼依法行政

2016年，国务院办公厅发布《加强和改进行政应诉工作的意见》，要求行政机关负责人积极出庭应诉。四川省各市（州）将行政案件出庭应诉作为增强纠纷化解效果、倒逼政府行为守法、有效增进政府机关法治意识的重要抓手。四川省各市（州）2016年度开庭审理的行政案件数量，以及各市（州）被告行政机关负责人出庭应诉的比例也较为可观。有5个市（州）被告行政机关负责人出庭应诉比例在60%以上，4个市（州）应诉比例为50%—60%，2个市（州）应诉比例为40%—50%。其中，泸州市制定《泸州市行政复议应诉文书备案制度》，要求行政机关在发布行政复议决定书和收到法院的裁判文书后，报市法制办备案，倒逼政府规范行为，并为法制办掌握全市机关复议应诉情况提供文书依据；泸州市还稳步推进行政复议决定网上公开制度，增强复议制度公信力，发挥生动的法治宣传效果。项目组还对各市（州）是否存在不主动履行法院生效判决裁判的情况进行了评估。在全国法院被执行人信息查询系统、失信被执行人名单信息公布与查询系统等的查询结果显示，未查到此类情况的存在。①

① 需说明的是，未查到并不意味着此类情况绝对不存在，也可能由于系统问题，导致虽存在该情况但无法顺利查询到。

（六）机制创新提升满意度

通过各种机制创新，四川省公众实实在在地享受到法治政府的实施成果，进而满意度和获得感显著增强。突出表现在以下三个方面。

一是创新信用惩戒激励机制，形成诚信自律氛围。2016 年，《四川省行政许可和行政处罚等信用信息公示工作实施方案》出台，有效地加强了社会信用体系建设，提升了监管服务能力。通过在门户网站、四川信用网进行双网双公示，形成信用信息公示、共享机制，对于促进企业、个人诚信自律，形成“守信激励”“失信惩戒”的信用体系有着重要意义。泸州市作为全国第二批社会信用信托建设示范城市，其信用泸州网（www.creditlz.gov.cn）已上线运行，全市企业法人信息、双公示信息均可在该网上实时查询，初步实现了企业登记、许可、监管、处罚、警示等各类信用数据的联合征集和互联共享，并公布了红名单 14 份、黑名单 2008 份。与之类似，遂宁市发改委、工商局和文明办建立了诚信信息数据库，完善信用网和市场主体信用信息系统；启动红黑榜发布制度，开展红黑榜的报审、发布及督查工作，并已于 2016 年 5 月发布《遂宁市 2016 年第一期诚信“红黑榜”名单》。为增加信用信息的知晓度和利用率，当地积极利用新闻媒体进行同步公布、跟踪报道和深度点评，形成了良好的守信氛围。

二是创新公众对话参与机制，增强政民交流认同。乐山市探索建立城市管理舆情对话平台。乐山市以市网络舆情中心为网络对话实施主体，以乐山新闻网、海棠社区为总平台，市、县、乡三级为分平台，形成“一个中心、三级平台”的“网格化”组织体系。该平台的投入运行产生良好效果。一方面，领导干部从对网络厌烦、恐惧，对负面新闻围追堵截转为倾听民意、利用网络确定决策监管重点；另一方面，群众从网上单纯发泄、言论过激转为理性维权、互动对话，信访量因之大幅下降。德阳市旌阳区地税局则通过邀请社会各界参与评说地税，提升公众好评度。

三是依托信息化借力“互联网＋”，打造智慧政府提升管理效能。巴中市打造智慧政务服务平台，包括综合分析系统、监督系统、办件运行系统、事项管理系统、互联网终端，对巴中市政府机关、行权事项、运行流程、监察机构形成全覆盖，规范了行政许可、行政处罚、行政征收等十大类行政权力；并开发出工作人员的手机 App，涵盖审批、办结、查询三大功能，网上行政审批初现端倪。再如，德阳市建构“德阳市电子政务大厅：行政权力依法规范公开运行平台”，将全市、县两级政府所有行政权力事项全部纳入该平台运行，并与市行政审批系统实现信息共享交换。从四川全省看，实体政务大厅与网上办事大厅相结合，电脑网页端、移动客户端、自助服务终端有机统一，已成为四川省各市（州）的标准动作。

三　发现的主要问题

在肯定四川省依法行政取得丰硕成果的同时，也应清醒地认识到，四川省在依法行政方面还面临诸多挑战。突出表现在如下几个方面。

（一）执法队伍建设亟须加强

四川省各市（州）按照中央、省委的有关部署，推进行政审批改革，推行简政放权，加强事中事后监管。尽管事前审批减少了，但由于执法队伍分散、编制有限、分配不合理等，事中事后监管并未得到充分的保障。例如，随着城市化的快速推进与人民生活水平的改善，各地公路里程、运输车辆均以指数量级增长，这对执法监管提出较高要求。但反观包括四川省在内的许多地方，大多数交通运输执法在近十年间人员编制基本上原地踏步。相形之下，以“压力山大”来形容行政执法并不为过。其他监管管理的领域亦是如此，一些市（州）食药监局、工商局等执法部门的执法力量无法满足市场的需求，执法人员常常不堪重负。尽管2016年泸州市、德阳市等地开展了综合行政执法体制改革，以缓解执法力量不足的问题，但执法力量不足仍未得到彻底的解决。而对于一些未开展综合行政执法改革的市（州）或者未纳入综合行政改革的执法领域，执法力量欠缺问题则更为明显。

（二）清单管理缺少动态更新

四川省各级政府认真贯彻中央、省的有关要求，通过权力清单、负面清单、责任清单三张清单推进行政体制改革，理顺政府与市场的关系。但也要看到，三张清单的推进，存在着运动式、“一阵风”的弊病，其完整性、权威性不无提升空间，动态调整完善尚未到位，例如《慈善法》为地方各级政府、政府民政部门设置了诸多权能、职责，但在四川省不少地方的权力清单、责任清单中并未得到体现。那么，这种“摸清家底”的行为，能否随着新的法规政策的出台而及时调整完善，进而真正达到预期效果，仍有待继续努力。

（三）系统平台仍有改进空间

一是系统集约化建设有待加强。以行政审批为例，虽然四川省层面建设了全省统一的行政审批系统，但部分市（州）未使用该系统，仍然运用自己的系统或服务平台。多个系统平台的同时运行，既造成了资源浪费，也不利于公众、企业查询办理。二是系统平台“两张皮”现象值得关注。以广泛推进的网上办事大厅为例，其网上运转尚未到位，往往还需要当事人到实体大厅再度提交材料。于是，本应提供便利的网上办理，却成为当事人的额外负担。如何改进系统平台，充分利用好网上申请办理，实现让信息多跑路、让群众少跑腿，依然任重道远。

（四）群众获得感仍有待提升

部分改革措施落实力度有待加强。评估中发现，个别地区、个别领域的改革存在空转嫌疑，“以文对文”的现象尚未杜绝。

比如，项目组通过多种渠道了解到，虽然四川在行政审批按时办结率、提前办结率等指标方面表现良好，但在打造服务型政府、高效便民方面表现尚未到位，不少企业、个人仍有程序繁琐、拖沓延迟之感；公众的满意度、获得感与改革预期目标仍存在一定距离。

（五）数据的准确性仍待加强

数据的准确性是大数据有效应用的前提条件，同时也是数据提取和统计分析的基础。项目组在调研中发现，四川在数据准确性方面可能还存在改进空间，最为典型的例证便是政务系统的数据统计。例如，四川省提供给各市（州）通用的行政审批系统，详细记录了各市（州）的平均办结时间，办理提速率、提前办结率等统计数据，根据各市（州）提供的系统截图发现，遂宁市、雅安市等地平均办结时间快至0.1个工作日、0.17个工作日，而内江市、乐山市则显示平均办结时间均超过2个工作日。在其他数据相似的前提下，平均办结时间相差十多倍之巨，其中原因一方面可能是遂宁市、雅安市的行政效率特别高，平均办结时间特别短，远超过内江市和乐山市；另一方面也有可能是数据统计存在异常。若是后者，则政务服务平台的系统有待进一步完善，录入节点和数据的准确性有待进一步提高。

四　完善建议

为全面实现依法行政，保质保量地完成法治政府建设的各项任务，四川省各部门、市（州）还应百尺竿头更进一步，尤其应注重以下方面。

（一）提升责任担当意识，增强服务为民观念

法治政府的建设，领导干部作为关键少数至关重要，具体工作人员作为执行者、落实者可谓中流砥柱。但项目组在一些市（州）的实地调研中，也发现一些观念认识层面的问题，部分领导干部和工作人员对法治政府建设的目标、宗旨存在偏差，这对法治政府的落实产生一定消极影响。其表现有：缺乏担当意识，畏首畏尾导致内在动力不足；管制思维根深蒂固侵蚀改革成果；服务意识淡薄惯于高高在上；等等。为使法治政府建设更上一层楼，有必要在观念层面加以改进。第一，应将责任意识与担当意识有机结合。面对改革举措与责任风险，一些干部、工作人员更多考虑自身责任，倾向于明哲保身而无所作为。有必要明确在其位则必须谋其政的意识、守土有责敢于担当的意识，为法治政府建设提供动力源泉。第二，增强服务意识。政府机关干部、一般工作人员应树立公仆意识，立足于需求导向，主动对接有办事需求的公众、企业，进而将服务端口前移，借鉴商业公司服务客户的理念机制打造服务政府。

(二) 强化法治政府建设,引领大众创业创新

法治政府建设的最终目的并非束手束脚或事后问责，从更高层面看应当将法治政府建设与促进经济社会发展有机统一。有些市（州）在新常态的背景下，为科技城、孵化园、创新产业等提供法治指引，例如，雅安市石棉县政务服务中心注重普及大众创业、万众创新相关法律政策，通过编制《雅安市大众创业、万众创新政策汇编》《企业“三证合一”“一证一码”登记办事指南》《土地使用权证登记办事指南》等相关指南材料，采取主动发放、现场讲解、业务代办等方式，为创业者提供政府办事的指引和便利。但创业创新过程中可能会触及法治政府的方方面面，四川省各市（州）应当继续深化法治政府建设，为大众创业做好基础工作，为万众创新做好服务工作。

(三) 着力打造服务政府,提升公民法治获得感

多管齐下进一步打造服务型政府以构建法治化、现代化、便利化的营商环境。克服、消除公共服务的堵点、痛点、难点，是四川省各市（州）改进工作、优化服务的着力重点与关键抓手。四川省各市（州）对法治政府建设推进重视程度之高、举措之多、成效之著有目共睹。但诸如行政审批的法治化改革成效如何仍须引起重视。重要衡量维度不仅是政府做了什么，更关键是公众、企业的感知维度。事实上，四川省各市（州）一些举措值得总结提炼并在全省推广。比如，针对完善妇女儿童权益保障问题，广元市建立反家暴联席会议制度、妇女儿童维权联席会议制度、婚姻纠纷人民调解工作制度并一以贯之地坚持落实；同时，广元市还成立政策法规性别平等评估咨询委员会，制定《关于加强广元市政策法规性别平等评估咨询工作意见》，对相关政策法

规执行情况实施专题督查、监评估估，从源头上保障妇女儿童的合法权益。再如，针对农民工欠薪治理常态化增强法治获得感问题，雅安市实施“民薪工程”，推行农民工工资实名制发放制度，明确总包或专包企业的支付责任，设置农民工工资支付专用账户，在建筑工地显眼处设劳动保障维权告知牌、农民工工资支付公示牌，完善用工备案表、考勤表和工资表，从集中清欠转为动态清欠，确保按时保量发放，增强了农民工群体的法治获得感。

（四）推进新型综合执法，加强市场综合监管

首先，优化执法资源力量配备，增强监管能力。将市级、县（区）级尽可能下沉到基层一线。有必要统筹兼顾好“精兵简政”与“夯实基层”两大主题，削减政府不必要的机构，裁减冗员，并不断增强执法和监管的能力水平。对此，可借鉴上海等地的经验，机关科室人员“瘦身”做减法，基层执法队伍做加法。一方面，在县（区）、乡镇（街道）层面增强执法队伍建设，并将量大面广、专业性技术性要求相对较弱的职能下放基层，以形成“大基层、强基层”的工作格局；另一方面，通过机制优化与内部流程再造，形成兼顾综合性和专业性，执法触角伸展到位的新型监管格局，具体分工是机关科室专精指导、稽查中队专业监管、基层所综合执法、检验检测机构技术支持。

其次，全面系统实施市场综合监管体制机制改革。在四川省已有试点地区将工商、质检、食药监三局设置市场监管局的基础上，一是扩展市场监管的适用范围，将在其他地方行之有效的物价监督检查等类似、相关职能综合在内，实现市场监管的全覆盖与无缝隙；二是将市场监管推广到四川全省各市（州）和省级层面。项目组发现，一些地方的市场监管体制改革之所以面临瓶颈，其重要原因是“下合上不合”，区县层面整合但在省级层面仍处于分散状态，导致市场监管机构纵向关系无法理顺，四川省

在其他地区的经验教训基础上，从省级到市（州）、县（区）、乡（镇街）道推进系统全面的市场综合监管体制改革。

（五）依托现代科学技术，强化制度履行落实

第一，严密制度与现代科技相结合，打造智慧型政府。特别是应用好信息化与大数据，形成“互联网+法治政府”的新型治理模式。在监管方面，按照中央文件精神和省里部署，加快推进部门之间、上下级之间信息资源的开放共享、互联互通，进而形成信息共享平台。在此基础上构建智能监管体系，依托大数据构建全程动态监管机制、协同监管机制、监管信息动态预警机制、异常检测机制、关联对比机制等，不断提升监管的智能化。

第二，强化制度履行落实。古人云：“徒善不足以为政，徒法不足以自行。”四川省各市（州）在法治政府方面已有不少法规规章、文件政策出台，但良法美意能否最终落实，还有待强化执行实施。否则，不仅起不到推进政府行为规范化的效果，甚至由于较高标准、目标的公开而提升群众预期，损害到政府公信力。因此，今后四川省法治政府的推进，不仅要建章立制，出台法规规章文件，还要强化履行、强化责任。

第五篇　政务公开

一　评估概况

政务公开部分评估了主动公开和依申请公开的相关情况。主动公开板块包括：规范性文件公开、服务公开、结果公开，其中规范性文件公开包括决策公开与政策性文件公开（具体指标如表10所示；评估结果见表11）。

表10　**政务公开评估指标**

三级指标	四级指标
规范性文件公开（25%）	决策公开（40%）
	政策性文件公开（60%）
服务公开（30%）	权责清单（40%）
	行政审批事项的办理指南（60%）
结果公开（25%）	审批结果（50%）
	处罚结果（50%）
依申请公开（20%）	渠道畅通性（20%）
	答复时效性（30%）
	答复规范性（50%）

表 11　　　　　　　　　　　　　政务公开评估结果

排名	市（州）	总分	规范性文件公开(25%)	服务公开(30%)	结果公开(25%)	依申请公开(20%)
1	成　都	84.69	81.40	64.48	100.00	100.00
2	内　江	80.25	45.00	93.88	83.33	100.00
3	德　阳	79.87	45.00	92.08	100.00	80.00
4	乐　山	75.91	21.00	93.88	90.00	100.00
5	甘　孜	74.72	51.00	91.00	66.67	90.00
6	眉　山	73.00	42.00	71.68	100.00	80.00
7	广　元	71.04	25.50	65.56	100.00	100.00
8	自　贡	70.77	21.60	95.68	66.67	100.00
9	泸　州	70.66	51.00	56.92	83.33	100.00
10	阿　坝	69.95	37.80	65.56	83.33	100.00
11	宜　宾	69.59	45.00	71.68	83.33	80.00
12	南　充	69.24	51.40	65.74	66.67	100.00
13	巴　中	66.89	45.00	62.68	83.33	80.00
14	攀枝花	64.85	21.00	48.66	100.00	100.00
15	广　安	64.63	36.00	69.88	66.67	90.00
16	绵　阳	64.54	49.50	93.88	80.00	20.00
17	达　州	63.16	21.00	70.24	83.33	80.00
18	遂　宁	62.29	21.00	67.36	83.33	80.00
19	凉　山	61.42	21.00	71.68	66.67	90.00
20	雅　安	60.38	21.00	69.88	66.67	87.50
21	资　阳	57.82	21.00	59.68	66.67	90.00

（一）规范性文件公开

针对市（州）政府规范性文件公开的评估指标包括：决策公开和政策性文件公开两大项。其中，决策公开主要评估是否公开征集重大决策草案的意见、是否公开反馈意见采纳情况；政策性文件公开评估门户网站设置政策性文件栏目及公开规范性文件备案信息的情况。本次评估于2017年1月12日开始，截至2017年2月10日。在此期间，项目组对四川省21个市（州）的门户网站进行观察，考察其政务公开各项工作的开展及落实情况。

国务院办公厅《2016年政务公开工作要点》明确规定，要积极推进决策公开，探索建立利益相关方、公众、专家、媒体等列席政府有关会议的制度，各级行政机关特别是市县两级政府要积极实行重大决策预公开，扩大公众参与，对社会关注度高的决策事项，除依法应当保密的外，在决策前应向社会公开相关信息，并及时反馈意见采纳情况。行政机关向社会预公开重大决策，一方面可以保障公民的知情权，增强决策的科学性和民主性；另一方面也可以有效地接受公民的监督，提升决策的透明度。

规范性文件是行政机关履行行政管理职能、管理社会事务的重要方式和重要依据，往往会对公民的权利、义务产生重大影响。根据《政府信息公开条例》第10条的规定，县级以上各级人民政府及其部门应当重点公开规范性文件。主动公开规范性文件，一方面可以引导公众的行为，更好地实现行政管理职能；另一方面也可以增强公众的监督，更好地确保行政行为的正当性。本次评估主要集中于21家市（州）政府门户网站中的规范性文件栏目设置、规范性文件的分类以及规范性文件的备案审查情况。

(二) 服务与结果公开

服务与结果公开两个板块主要从权责清单、审批事项的办事指南、审批结果和处罚结果四部分来评估各市（州）的公开的情况。评估内容主要包括市（州）政府是否通过门户网站发布了权力责任清单以及权力清单中是否有行政审批和行政处罚事项清单；政务服务中心网站和政府门户网站的在线办事栏目发布的办事指南的具体内容以及多平台发布的同一事项的办事指南的内容是否一致；是否发布了2016年度本级部门的审批结果和处罚结果信息以及多平台发布的审批结果或者处罚结果的信息是否一致。

项目组通过21家市（州）政府门户网站，行政服务中心网站，安监部门、食药监部门、环保部门的部门网站，企业信用信息网，四川信用网查询了上述评估内容涉及的有关信息的公开情况。

(三) 依申请公开

依申请公开制度是推动透明政府建设、促进政府依法行政的重要保障。人民群众可以通过依申请公开制度满足自身对政府信息的个性化需求，并可以在政府机关主动公开信息不全面、不及时等情况下，督促其最大限度地公开信息。而政府机关应当根据《政府信息公开条例》向申请人作出规范答复，在无正当理由时不能搪塞或者拒绝政府信息公开申请。因而，政府机关在重视政府信息主动公开工作的同时，也应当强化对依申请公开工作的重视，把依申请公开工作视为审查政府信息公开水平高低的重要指标。

项目组成员于2016年12月29日以个人名义通过挂号信的方

式，向四川省21家市（州）政府提交了内容各不相同的政府信息公开申请，旨在考察各评估对象依申请公开渠道的畅通性与答复内容、形式及时间上的规范性。

评估显示，四川省市（州）政府依申请公开工作总体落实情况较好，渠道较为畅通，答复较为规范，多数市（州）政府能做到在签收信函后的15个工作日内及时答复，且法律依据援引正确并能进行必要的说理，但仍存在个别机关未答复、答复不及时或者答复不规范的情况。

从整体情况来看，在申请渠道方面，政府机关渠道畅通，能够顺利收到项目组邮寄的政府信息公开申请；在答复时间方面，项目组通过查询邮政系统，发现21家市（州）政府信函签收时间集中在2017年1月2日、1月3日、1月4日，而15个工作日内答复的截止时间分别为1月23日、1月24日、1月25日。除雅安市政府超期1日答复及绵阳市政府未答复外，其他政府机关都能够做到在法定期限内答复；在答复形式方面，被评估的政府机关基本上都采用了较为规范的形式，仅有个别政府机关，如资阳市政府出现只有答复申请内容的资料而没有正式答复告知书的情况；在答复内容方面，直接公开所申请信息的，政府机关普遍答复较为简单，而未公开所申请信息的政府机关则有所欠缺，如巴中市等政府机关未援引具体的法律依据，广安市等政府机关未充分说明理由，宜宾市等政府机关未告知救济渠道。

二　亮点与创新

（一）重大决策注重意见征集

评估显示，四川省部分市（州）能够主动在门户网站上公开重大决策，并面向公众公开征集意见。

1. 部分评估对象在门户网站上公开征集重大决策意见

21家市（州）中，有10家在门户网站对2016年发布的重大决策文件草案征集意见。个别市（州）虽然在2016年未发布重大政策文件的草案征集，但是有往年的记录，如广元市门户网站上有2011年的规范性文件草案征集记录。

2. 部分评估对象公开了征集意见的期限和反映方式

10家公开2016年重大决策文件草案的市（州）中，有8家公开了征集意见的期限和反映意见的方式。征集意见的方式主要有：信函、传真、电子邮件、网上留言等。大多数市（州）都在意见征集页面留下通信地址和邮编、电子邮箱等联系方式。公开征集意见的期限从7日到1个月不等。

3. 部分评估对象公开了意见征集的整体情况

评估发现，个别评估对象在意见征集栏目下，设置“结果反馈”栏目，归纳总结本次意见征集的整体情况，及时反馈给公众。如成都市的门户网站上显示征集到的意见总数，并公布意见内容。

（二）政策性文件公开效果佳

1. 所有网站均设置专门栏目集中发布规范性文件

本次评估采用较为宽松的方式，凡是在门户网站上设置“政府文件”“规范性文件”栏目或者在政府信息公开专栏中设置有“法规文件”栏目的都视为设置了规范性文件栏目。评估显示，在21家市（州）政府中，均设置了规范性文件栏目，占100%。

2. 大多数门户网站对规范性文件进行了分类

根据制定主体、适用对象、制定时间、规范内容等的不同，可以对规范性文件进行多种分类。评估发现，绝大多数市（州）政府在规范性文件栏目中对规范性文件进行了简单的分类，便于公众“有的放矢”，直接查找到自己所需要的信息。在本次评估的21家市（州）政府中，有19家市（州）政府对其发布的规范性文件进行分类，占90.5%。在进行分类的19家政府网站中，有16家网站对规范性文件进行了一种分类，占进行分类网站的84.2%，进行一种分类的网站是按照文件体裁或者发布部门的方式进行分类的；绵阳市、广元市和广安市这3家市（州）政府网站对规范性文件进行了两种分类，占进行分类网站的15.8%，其中，绵阳市是按照时间、部门的方式进行分类，广元市是按照体裁、时间的方式进行分类，广安市是按照范围、时间的方式进行分类。

3. 大多数网站都发布了与备案审查相关的信息

规范性文件备案审查是政府法制的日常工作，对保证规范性文件及后续行政决策、执行的合法性，促进依法行政具有重要作用。为此，《国务院关于加强法治政府建设的意见》（国发〔2010〕33 号）要求加强备案审查工作，建立规范性文件备案登记、公布、情况通报和监督检查制度，备案监督机构要定期向社会公布通过备案审查的规章和规范性文件目录。评估显示，有 18 家政府网站发布了与备案审查相关的信息，占 85.7%。其中南充市、广安市和凉山州的门户网站和法制办网站没有发布任何关于备案审查的信息。

部分网站的备案审查信息非常详尽，成都市、泸州市、眉山市、甘孜州的网站上均发布了 2016 年的备案审查情况，且包含审查意见。其中，成都市政府法制办网站设有行政规范性文件电子管理系统，可按部门按地区查询。泸州市政府法制办网站设有专门的备案审查栏目，对于备案审查的规范性文件有着翔实记录。

（三）权责清单可视化程度高

1. 评估对象普遍公布了权责清单

评估发现，四川省 21 家市（州）政府门户网站普遍公布了权责清单，其中公开权力清单的有 20 家，所占比重达到了 95.2%，公开责任清单的有 19 家，所占比重达到了 90.5%，且只要是公开了权力清单的，权力清单中都公开了行政审批事项和行政处罚事项。

2. 多数评估对象的权责清单查询获取便利

多数评估对象的权责清单比较容易获取，获取途径主要有五种情况：第一种是在市（州）政府门户网站首页设有导航，比如广元、甘孜、眉山；第二种是在政务公开［有些市（州）称信息公开］下直接能发现权力清单，比如泸州、凉山；第三种是在政务公开下的重点领域信息公开里面，比如成都、内江、南充、乐山、广安、雅安、阿坝；第四种是在政务公开下的“五公开”专栏中也能够找到，比如绵阳；第五种情况则是公布在新闻里，需要在首页搜索引擎搜索。

3. 部分评估对象公开的权责清单可视化程度较高

评估发现有些市（州）政府单位的权责清单公开可视化程度较高，比如广元市和甘孜州。广元市和甘孜州的权责清单在门户网站首页的导航栏目都可以直观地发现，而且公开的权力清单和责任清单醒目直接、方便获取。凉山州的权责清单目录按照部门的权力类型分列，每种行政权力都设置了链接提供浏览和下载的服务，还提供了该部门所有行政权力的统一下载服务。阿坝州权责清单有两个分类方法，按部门和按权力类别，其安监局的部门网站上公布的权责清单还设了评论区。

（四）办事指南公开较为全面

1. 办事指南公开较为全面

评估发现，21 家评估对象的行政审批事项的办事指南均公开了办理依据、申报材料、办理流程、办理期限事项，占 100%。其中，在行政服务中心和政府门户网上都公布了办理依据的市（州）有 20 家，占 95.2%；有 18 家市（州）在两个平台上均公布了申报材料和办理流程，占 85.7%；有 20 家市（州）在两个平台上均公布了办理期限，占 95.2%。

2. 大多数评估对象在办事指南中公布了申报条件

19 家市（州）在办事指南中公布了申报条件，占 90.5%，其中有 15 家市（州）在两个平台均公布了申报条件，占 71.4%。

3. 大多数评估对象在办事指南中公布了收费标准

共 19 家市（州）公布了收费标准，占 90.5%，其中有 9 家市（州）在两个平台上公布了收费标准，有10家市（州）在一个平台上公布了收费标准，未公布收费标准的有2家市（州），占9.5%。

（五）审批处罚结果公开较好

1. 多数评估对象发布了2016年行政审批结果

行政审批结果公开和行政处罚结果公开是法治政府建设的重要举措，也是2016年地方各级政府信息公开工作的重点之一。具有行政审批权和行政处罚权的各级政府积极推进行政审批和行政处罚结果的公开是促进各级政府依法行政的重要环节，也是约束和规范各级政府行政权力的重要一环。在此次评估中，多数评估对象发布了行政审批结果，推进了政府信息公开工作的进一步发展。

16家市（州）政府安监部门发布了2016年行政审批结果，占76.2%。其中，成都市安监部门网和政务服务中心网、绵阳市与凉山彝族自治州安监部门和政府门户网发布了2016年行政审批结果，并且这几地的两个平台发布行政审批结果信息一致；内江市、乐山市、泸州市、德阳市、广元市、遂宁市等安监部门仅部门网发布了2016年行政审批结果。

21家市级政府食药监部门均发布了2016年行政审批结果，占100%。其中，7家市（州）食药监部门网和政府门户网均发布了2016年行政审批结果，占33.3%，如成都市、内江市、南充市、宜宾市、攀枝花市、凉山彝族自治州、甘孜藏族自治州。并且内江市、宜宾市、攀枝花市、凉山彝族自治州、甘孜藏族自治州食药监部门和政府门户网发布信息重复，南充市食药监部门网和政府门户网发布信息一致。其余14家市级政府食药监部门仅部门网发布了2016年行政审批结果，占66.7%。

21家市级政府环保部门均发布了2016年行政审批结果，占比100%。其中，7家市（州）环保部门网和政府门户网均发布了2016年行政审批结果，占33.3%，如成都市、绵阳市、内江市、南充市、凉山彝族自治州、资阳市、宜宾市。并且内江市、资阳市、宜宾市环保部门网和政府门户网发布信息重复，成都市、绵阳市、南充市食药监部门网和政府门户网发布信息一致，凉山彝族自治州环保部门网和政府门户网发布行政处罚信息交叉。其余14家市级政府环保部门仅部门网发布了2016年行政审批结果，如广安市、眉山市、达州市等，其中眉山市环保局将环评审批分为受理公告、拟审批公告、已审批公告、验收处理公告、拟验收决定公示、已验收决定公告、环评公示。

2. 多数评估对象发布了2016年行政处罚结果

8家市级政府安监部门发布了2016年行政处罚结果，占38.1%。其中，成都市、绵阳市、德阳市、广元市处罚结果要素包括被处罚者名称、主要违法事实、处罚依据、处罚结果；乐山市处罚结果要素包括被处罚者名称、主要违法事实。

19家市级政府食药监部门发布了2016年行政处罚结果，占90.5%。

20家市级政府环保部门发布了2016年行政处罚结果，占95.2%。其中，凉山彝族自治州与资阳市环保部门网站和政府门户网均公开了2016年行政处罚结果。成都市、绵阳市、乐山市、泸州市、德阳市、广元市、遂宁市、自贡市、内江市、南充市等18家市（州）仅其环保部门发布了2016年行政处罚结果，且要素发布全面。

（六）依申请公开总体较规范

1. 申请渠道畅通

畅通的政府信息公开申请渠道是公众行使政府信息公开请求

权的前提。项目组依据各市（州）政府信息公开指南提供的受理机构地址信息寄送信函。经查询挂号信追踪单，发现寄出的信函全部签收成功。这表明21个市（州）政府的信函申请渠道全部畅通。

2. 答复格式基本规范

政府信息公开答复告知书作为政府机关出具的正式文书，应当保证其在形式上具有规范性与权威性。评估发现，大多数政府信息公开答复在形式上是规范并完备的。21个市（州）政府除绵阳市未作答复、资阳市与甘孜州仅有答复资料外，其他市（州）政府均提供了纸质答复公文，包含落款单位及公章。

3. 按期答复率较高

《政府信息公开条例》规定："政府机关不能当场答复的，应当自收到申请之日起15个工作日内予以答复。"在规定期限内答复申请人的政府信息公开申请是对政府机关的法定要求，否则，就会面临被确认为不作为的法律风险。

此次评估，答复期限的起算节点是签收信函的第二日，而"第二日"必须是"工作日"，政府机关通过信函答复申请人的时间为快递公司揽收信函的时间。从签收信函的第二日算起，若超过15个工作日答复则为超期答复。评估发现，在21家市（州）政府机关中，绵阳市未作出答复，而雅安市于2017年1月2日签收信函，1月24日才向申请人作出答复，已超出法定答复期限。除上述两家市（州）机关之外，其余19家市（州）政府机关都在法定期限内完成了依申请答复，比例达到90.5%。

4. 公开申请信息的答复较为理想

根据《政府信息公开条例》的规定，对申请公开的政府信息属于公开范围的，行政机关应当告知申请人获取该政府信息的方式和途径。评估发现，有 12 家市（州）政府机关对政府信息公开申请作出了决定公开的答复，除 8 家政府机关直接向申请人公开所要获取的信息外，成都市、攀枝花市、雅安市及阿坝州 4 家政府机关所要答复的信息均属主动公开的范畴，全部按要求向申请人提供了获取政府信息的方式和途径。其中，攀枝花市政府不仅提供了相关信息的网址链接，还配置截图，方便公众及时准确地查找信息，值得肯定。

三　发现的主要问题

（一）决策落实反馈仍不理想

1. 重大决策预公开落实情况还不理想

为了使群众更好地理解决策内容，集思广益、问计于民，行政机关在制定重大决策时应注重增强决策的科学性和民主性，对于涉及公民重大权利义务的决策，应通过预公开的方式向社会公众公开决策草案，并征集意见。但评估发现，各市（州）落实重大决策预公开机制的情况不够理想。

首先，重大决策文件草案公开较少。2016 年，11 家市（州）政府未在门户网站公布重大决策文件草案，占 52.4%；12 家未公开征集意见的渠道，占 57.1%；13 家未公开征集意见的期限，占 61.9%。

其次，公开征集意见的期限较短。部分市（州），虽然在门户网站上就重大决策的文件草案公开征集意见，但征集意见的期限仅有 7 天，而后就关闭了意见反馈渠道，不利于群众提出意见。

最后，公众参与度普遍不高。多数市（州）政府门户网站的“意见征集”栏目下的“网上留言”区或内容空白，或寥寥数条意见，多数评估对象发布的“结果反馈”则显示“未征集到意见”。这一方面说明，群众参与发表意见建议的意愿不强、能力可能还不足；另一方面，也反映出相关评估对象在公开征集意见过程中可能存在宣传不到位、主动解读草案引导群众参与不细致等问题。

2. 重大决策意见征集的反馈不充分

“信心比黄金更重要”，政府及时反馈重大决策征集意见的情况，不仅会增强群众参与感和主体意识，还可以增强政务活动的透明度，提升政府公信力、社会凝聚力。但评估显示，部分评估对象公开反馈征集意见的情况还不到位。

首先，多数市（州）门户网站未反馈意见征集的整体情况。评估显示，除成都市和南充市外，有19家市（州）政府未在门户网站公开重大政策意见征集的整体情况，占90.5%。南充市政府门户网站上2016年仅有1条规范性文件草案的意见征集信息，然而“意见列表”栏目显示内容空白，“结果反馈”栏目则表明未收到意见。

其次，普遍未公开对所征集到意见的采纳情况。10家在门户网站公开征集规范性文件草案意见的市（州）政府均没有反馈对征集到意见的采纳情况。

最后，普遍未通过门户网站说明对意见不采纳的理由。10家在门户网站公开征集意见的市（州）中，有2家对征集到的意见的整体情况作了说明，没有一家反馈了对征集到意见的采纳情况及不采纳的理由。

（二）网站建设水平有待提升

1. 个别政府网站的规范性文件栏目更新不及时

内江市的政府门户网站设有专门的规范性文件栏目，但是该栏目最新的文件是在2015年发布的，2016年没有发布任何文件。

2. 个别政府网站出现低级错误

有部分网站在建设过程中出现了低级的错误，如出现错别字、栏目空白、名称内容不符等。例如，达州市人民政府依法行政网的“备案审查”链接，点击以后出现的是“立法工作”内容；凉山州政府把“建言献策”写为“建议献策”，点开栏目以后前后内容不一致。虽然这种情况不影响网站的使用，但是据此可以看出网站管理者的用心程度。

3. 规范性文件栏目分类标准各异

不同政府网站的规范性文件栏目分类标准不统一，有按照体裁分类的，如“令、函、公告、通知、意见等”，有按照部门分类的，如“政府、办公厅、区县等”，有通过检索框进行分类的，如“年份检索、部门检索、范围检索、有效性检索等”。建议在对规范性文件进行分类时统一标准，以此提高网友的使用体验和阅读效率。此外，有些对规范性文件进行分类的网站，分类以后的类别单一，例如德阳市按照“部门”的方式将政府文件进行分类，但是分类以后仅仅出现一种情况，即所有的文件都是通过“市政府办发”，这种情况下实际上已失去规范性文件的分类意义。

4. 各政府网站和法制办网站的备案审查工作质量参差不齐

首先，部分地市没有开设政府法制办网站。通过网络搜索的方式，发现在21个市（州）中，南充市、广安市、资阳市和阿坝州没有设立政府法制办网站，占19.0%。政府法制办网站是政府依法行政的重要窗口，虽然其部分功能可以由政府门户网站代为发挥，但是它对于更好地建设法治政府是不可或缺的。如果因为“关停并转”等原因不再单独开设网站，也应在政府门户网站开设相应专栏。

其次，部分政府网站的备案审查信息有备案登记表，却没有备案审查意见，如乐山市、攀枝花市、阿坝州三地的政府网站和法制办网站。

最后，部分地方政府网站和法制办网站有备案审查信息，但更新不及时。宜宾市、遂宁市、广元市和德阳市均有较为详尽的备案审查信息，但却没有2016年的备案审查信息。

（三）部分权责清单不易获取

1. 少数评估对象的权责清单不易获取

在查找权责清单的过程中，比如德阳市、巴中市、资阳市的就不易获取，需要在站内搜索引擎进行搜索，关键词不对很容易就错过了。

2. 部分评估对象的权责清单不全面

攀枝花市政府门户网站的权责清单板块下只公布了几个部门的权责清单，点进去跳转到这几个部门在电子政务大厅的行政职权目录下。资阳市的权力清单虽可以找到，但是责任清单截至评估结束仍然无法获取。

（四）部分办事指南仍存瑕疵

1. 绝大多数评估对象公开的办事依据不完整

评估发现，绝大多数评估对象的行政审批事项的办事指南的办理依据不完整。只有南充市行政服务中心网站上抽取的一个事项的办理依据是完整的，其余20个市（州）公布在行政服务中心和政府门户网上的“在线办事”栏目中的办事指南的办理依据都不完整，占95.2%。该20个市（州）中，除了乐山、广安、达州三市在某些事项的办理依据有条款数，其他市（州）的办理依据仅有法规的名称，而没有条款数或者条文的具体内容。

2. 部分评估对象办事指南中的申报条件不明确

有1个市（泸州市）公布的办事指南的申报条件表述为“资料齐备、符合某项法规的规定”，占4.8%，成都市和巴中市的办事指南中没有申报条件，占9.5%。

3. 部分评估对象的申报材料不明确

5个市（州）的申报材料中有“其他”“等”模糊字眼，占23.8%。

4. 多数评估对象的行政审批事项的办事指南不准确

14个市（州）在多平台发布的同一事项的办事指南的内容不一致，占66.7%，主要体现在：办理依据给出的法规的名称、数量不一致；办理期限不一致，包括法定期限和承诺期限不一致；申报材料不一致。

（五）结果公开仍存改进空间

1. 部分评估对象未发布2016年行政审批结果和行政处罚结果

行政审批和行政处罚结果的定期、及时公示是提高政府行政能力的有效途径，既有利于增强行政审批的透明度，也便于公民、法人和其他社会组织对行政机关及其工作人员的监督，使政府权力在阳光下运行。但评估发现，截至评估结束，仍有部分网站未公开行政审批和行政处罚结果信息。

首先，相关部门门户网站、政府门户网、企业信用信息网、四川信用网、行政服务中心网站5家网站均未发布南充市、自贡市、广安市、雅安市、甘孜藏族自治州安监部门2016年的行政审批结果信息，占23.8%；均未发布内江市、南充市、自贡市、泸州市、遂宁市等13家市（州）安监部门2016年的行政处罚结果，占61.9%；均未发布凉山彝族自治州、资阳市食药监部门2016年的行政处罚结果；均未发布甘孜藏族自治州环保部门2016年的行政处罚结果。

其次，政府门户网、企业信用信息网、四川信用网、行政服务中心网4家网站均未发布14家市（州）政府食药监部门2016年的行政审批结果信息，占66.7%；未发布14家市（州）环保部门2016年的行政审批结果信息；未发布绵阳市、乐山市、德阳市、广元市安监部门2016年的行政处罚结果信息；未发布15家市（州）2016年的食药监局行政处罚结果；未发布18家市（州）环保部门2016年的行政处罚结果。

再次，政府门户网、企业信用信息网、四川信用网3家网站均未发布成都市安监部门2016年的行政审批结果信息。

最后，企业信用信息网、四川信用网、行政服务中心3家网站均未发布绵阳市、凉山彝族自治州安监部门2016年的行政审批结果；均未发布成都市、内江市和南充市等7家市（州）食药监部门2016年的行政审批结果信息；未发布成都市、绵阳市、南充市、内江市环保部门2016年的行政审批结果信息；未发布成都市安监部门2016年的行政处罚结果信息；未发布成都市、绵阳市、南充市和宜宾市食药监部门2016年的行政处罚结果信息；未发布凉山彝族自治州和资阳市环保部门2016年的行政处罚结果信息。

上述结果也表明，由于结果公开的平台较多，各平台发布结果信息缺乏协调，影响公开效果。

2. 个别评估对象行政处罚结果要素公开不全面

评估发现，乐山市安监部门2016年的行政处罚结果要素公开不全面，只公开了被处罚者名称、主要违法事实，未公开处罚依据和处罚结果。

(六) 依申请公开答复仍有风险

1. 依申请公开工作的程序意识有待加强

对政府信息公开申请的答复是政府机关对外做出的正式行为，应以正式、书面的形式做出，这不仅是行政程序的基本要求，也是《国务院办公厅关于做好政府信息依申请公开工作的意见》中的规定，即行政机关向申请人提供的政府信息，应当是正式、准确、完整的，申请人可以在生产、生活和科研中正式使用，也可以在诉讼或行政程序中作为书证使用。评估发现，有市(州)政府在面对依申请公开时，仍存在以口头方式答复依申请公开而不出具正式的答复告知书的情况。例如项目组向内江市政府申请“2016 年通过电话口头方式答复依申请公开的数量”，收到的答复内容为“据统计，内江市本级 2016 年通过口头方式答复依申请公开 9 件”，由此看出，该市政府依申请公开工作的程序意识还不强，这不仅会影响其对外行政行为的正式性、权威性，而且易使自身陷入潜在的行政诉讼败诉的风险中。

2. 不公开申请信息的答复有待规范

从《政府信息公开条例》《国务院办公厅关于做好政府信息依申请公开工作的意见》这两个文件的立法精神及政府服务公众的角度出发，政府机关应准确把握政府信息的适用范畴，对申请人提供的政府信息的答复，应做到正式、准确、完整、规范。

在本次依申请公开的评估中，有些评估对象的答复类型为信息不存在，非政府信息公开范围，非本机关政府信息公开范围，未加工、制作与汇总，未在履行职责过程中获取相关信息，为方便表述，项目组在本报告中将上述答复类型统称为不公开。根据《政府信息公开条例》第 21 条的规定，对于不公开的答复，政府机关应当有如下告知义务：除应当向申请人援引相关法律依据外，还要进行必要的说理，向申请人解释清楚为什么所申请的事项不属于公开的范围，同时还要向申请人提供救济的渠道。评估发现，部分不公开的答复告知书规范性有所欠缺。

首先，部分机关未列明法律依据。政府机关对于不公开的答复，应当在告知书中写明不公开的法律依据，以此证明政府机关的答复行为是依法答复，避免政府机关做出行政行为的随意性及违法性。评估发现，在不公开答复的8家政府机关中，有一半的政府机关未提供法律依据，例如，遂宁市、宜宾市、达州市与巴中市政府机关仅说明了客观事实就直接告知申请人申请信息不存在，而未出具认定“申请信息不存在”的法律依据，这很难认定该答复是合法的。

其次，部分机关未告知理由。政府机关对不公开的答复进行说理论证，是以理服人、以理取信于民的重要体现，对提高其公信力具有重大的意义。评估发现，部分政府机关，例如德阳市与广安市政府机关，存在答复过于简单、说理不充分或者根本未说理的情形。两者虽然都引用了法律依据，但未对不公开的原因进行充分的分析与论证。

再次，部分机关未告知救济渠道。根据《政府信息公开条例》的规定，公民、法人或者其他组织认为行政机关在政府信息公开工作中的具体行政行为侵犯其合法权益的，可以依法申请行政复议或者提起行政诉讼。虽然法律并没有明确要求答复书中应当告知救济渠道，但是出于防范风险、减少败诉的考虑，项目组建议市（州）政府机关在答复书中应写明救济渠道。评估发现，在作出不公开答复的8个市（州）政府中，有超过一半的市（州）政府，如德阳市、遂宁市、宜宾市、达州市、巴中市、凉山州，均未提供救济渠道。其余市（州）如乐山市与广安市政府机关虽提供了救济渠道，但救济渠道内容并不完整，乐山市政府提供的申请行政复议的救济渠道缺少受理机关，广安市政府提供的申请行政复议或提起行政诉讼的救济渠道均缺少受理机关。建议政府机关向申请人指明该向哪一机关申请行政复议或行政诉讼，并告知申请日期，从而有助于申请人选择救济渠道时有的放矢。

最后，个别机关答复类型不准确。政府机关应明确依申请公开答复类型，准确把握“非政府信息公开范围”“非本机关政府信息公开范围”及“政府信息不存在”三者之间的概念区别。根据《政府信息公开条例》第 2 条的规定，政府信息是指行政机关在履行职责过程中制作或者获取的，以一定形式记录、保存的信息。行政机关向申请人提供的政府信息，应当是现有的，如果需要行政机关进行汇总、加工或重新制作，则通常被认为是非政府信息公开范围。根据《政府信息公开条例》第 17 条的规定，行政机关制作的政府信息，由制作该政府信息的行政机关负责公开；行政机关从公民、法人或者其他组织获取的政府信息，由保存该政府信息的行政机关负责公开。换言之，如果所申请的信息不属于本机关公开职责权限范围内而与其他机关相关，即本机关未制作、未保存的，则通常被认为非本机关政府信息公开范围。政府信息不存在通常有六种情形：(1) 需要实质性汇总、加工或重新制作；(2) 属于本机关职责权限范围，但是确未制作或获取；(3) 属于本机关职责权限范围，但是尚未制作或获取；(4) 制作过但已经遗失；(5) 制作过但已依法销毁；(6) 经过一定范围搜索未找到。由此可见，对于本机关确未制作或获取的信息，政府机关可答复为非政府信息公开范围也可答复为政府信息不存在，未进行汇总、加工或制作只是不属于政府信息公开范围或政府信息不存在的理由。

评估发现，个别机关对于依申请公开答复类型认识模糊，理解不到位。例如，德阳市政府机关引用“行政机关一般不承担为申请人汇总、加工或重新制作政府信息，以及向其他行政机关和公民、法人或者其他组织搜集信息的义务”这一规定后，认为申请信息不属于政府信息的适用范畴，混淆了“政府信息”与“政府信息公开”的概念。

四　完善建议

2016年是政务公开领域重要的一年，中央全面深化改革领导小组第二十次会议审议通过了《关于全面推进政务公开工作的意见》，这是贯彻落实《中共中央关于全面推进依法治国若干重大问题的决定》中提出的坚持以公开为常态、不公开为例外原则，推进决策公开、执行公开、管理公开、服务公开、结果公开“五公开”要求的具体举措，是打造开放政府、加快建设法治政府的必然要求。国务院还发布了《〈关于全面推进政务公开的意见〉实施细则》等一系列文件，细化公开要求。上述规定为今后推进政务公开明确了方向和要求，全面推进政务公开工作也已经成为法治政府建设必不可少的工作。建议从如下方面进一步提升公开水平和公开质量。

第一，充实政务公开专职人员。政务公开是一项专业性很强的工作，无论是答复依申请公开还是做好主动公开，都必须有专门人员长期跟踪、研究、从事此项工作，确保工作人员的相对稳定性。

第二，加强政务公开培训工作。政务公开的形势不断发展、公开要求不断提升，应当不间断地开展培训，一方面提升全体人员尤其是领导干部、部门负责人、主要经办人员的公开意识，提升部门负责人对公开工作的重视程度；另一方面应从决策公开、执行公开、管理公开、服务公开、结果公开等方面，从做好主动公开、规范依申请公开、做好解读回应等方面，进行专业性培训，提升工作人员处理公开工作的专业程度。评估过程中发现的个别网站出现错别字、常识性错误等问题说明了管理人员在信息公开方面存在一定纰漏，需要引起相关人员的重视。

第三，进一步加强公开的标准化建设。评估过程中发现各地方网站在意见征集、规范性文件分类、备案审查等指标下分类标准参差不齐，工作质量差异较大，建议四川省统一规范重大决策预公开意见征集的途径、期限、意见采纳情况及政策性文件公开的标准，提升公众的使用体验。

第四，加大重大决策预公开意见征集的宣传力度。门户网站上公开规范性文件的草案，公开征集意见的同时，应当通过媒体多做宣传，提高公众参与度，积极提出意见。另外，随着自媒体的迅猛发展，微信、微博等社交平台深入千万家，建议政府制定重大决策时，通过社交平台广泛征集意见，充分调动民智。

第五，下大力气优化网站平台。评估过程中发现不同地市的网站建设质量参差不齐，有些地方政府没有建立市政府法制办网站，有些地方政府的法制办网站取名为“依法行政网”。建议对全省各市（州）政府网站进行改造，本着集约化建设、方便公众使用查询的原则，科学规划市（州）政府及其部门的网站集群，避免重复建设；科学设计网站栏目，明确栏目的功能定位；引入先进的网站检索功能，提升网站查询信息的便利度。

第六，进一步规范依申请公开工作。建议统一依申请公开答复书、告知书格式，明确答复流程规范，避免在答复时限、答复方式、答复格式等方面出现瑕疵，引发不必要的法律风险。

第六篇　司法建设

一　评估概况

司法是维护社会公平正义的最后一道防线。司法建设情况是衡量一个国家、一个地区法治水平的重要标准，同时也是检验是否实现依法治理的重要内容。因此，司法建设也是本次评估的重要指标板块。

司法建设分为四个板块：依法独立行使司法权、提升司法透明度、提升检务透明度和助力基本解决执行难。其下又分别设计若干三级指标，以期较为客观、中立、全面地评估司法建设的整体状况及各市（州）司法建设状况（司法建设评估指标见表12）。

表 12　**司法建设评估指标**

二级指标	三级指标	四级指标
依法独立行使司法权（10%）	健全并落实领导干部干预司法活动、插手具体案件处理的记录、通报和责任追究制度（50%）	是否建立司法干预记录制度（40%）
		是否建立相关情况通报制度（20%）
		是否建立相关行为责任追究制度（40%）
	建立健全并落实司法人员履行法定职责保护机制（50%）	是否建立并落实司法人员履行法定职责保护机制（100%）

续表

二级指标	三级指标	四级指标
提升司法透明度（40%）	审务公开（20%）	平台建设（30%）
		人员信息（40%）
		规范性文件（20%）
		司法改革信息（10%）
	审判公开（30%）	诉讼指南（25%）
		庭审公开（65%）
		减刑假释公开（5%）
		裁判文书公开（5%）
	执行信息公开（20%）	执行指南（30%）
		执行终本案件（5%）
		执行曝光（40%）
		执行惩戒（5%）
		执行举报（20%）
	数据公开（30%）	法院财务信息（40%）
		工作报告（30%）
		统计数据（30%）
提升检务透明度（40%）	基本信息（20%）	网站设置（20%）
		微平台客户端（20%）
		机构设置（20%）
		人员信息（40%）
	检务指南（30%）	工作流程（40%）
		检务须知（40%）
		网上咨询平台（10%）
		新闻发布会（10%）
	检察活动（30%）	法律文书（40%）
		申诉审查（20%）
		重要案件信息（20%）
		职务犯罪（20%）

续表

二级指标	三级指标	四级指标
提升检务透明度（40%）	统计总结（20%）	检察工作报告（60%）
		财政信息（40%）
助力基本解决执行难（10%）	党委政府对解决执行难的支持（30%）	党委政府是否就解决执行难召开过专门会议（100%）
	部门协作机制（30%）	是否建立部门协作机制（100%）
	执行活动规范化（40%）	是否建立规范执行活动的相关制度（100%）

（一）依法独立行使司法权

依法独立行使司法权板块评估内容具体分为两个三级指标：健全并落实领导干部干预司法活动、插手具体案件处理的记录、通报和责任追究制度，建立健全并落实司法人员履行法定职责保护机制。健全并落实领导干部干预司法活动、插手具体案件处理的记录、通报和责任追究制度以及建立健全并落实司法人员履行法定职责保护机制是依法独立行使司法权的重要条件，因此，项目组将这两项制度的设立情况作为重要参考。前一项指标以四川省各市（州）是否建立“记录”“通报”和“责任追求”制度分别进行评估；后一项指标评估四川省各市（州）是否建立当地的司法人员履职保障机制。

四川省各市（州）确保依法独立公正行使司法权总体评估结果见表13。

表 13　　依法独立行使司法权评估结果

排名	市(州)	总分	司法干预记录制度(20%)	相关情况通报制度(10%)	相关行为责任追究制度(20%)	健全并落实司法人员履行法定职责保护机制(50%)
1	成　都	100.00	100.00	100.00	100.00	100.00
1	攀枝花	100.00	100.00	100.00	100.00	100.00
1	德　阳	100.00	100.00	100.00	100.00	100.00
1	遂　宁	100.00	100.00	100.00	100.00	100.00
1	内　江	100.00	100.00	100.00	100.00	100.00
1	凉　山	100.00	100.00	100.00	100.00	100.00
1	甘　孜	100.00	100.00	100.00	100.00	100.00
8	自　贡	90.00	100.00	100.00	100.00	80.00
8	泸　州	90.00	100.00	100.00	100.00	80.00
8	绵　阳	90.00	100.00	100.00	100.00	80.00
8	乐　山	90.00	100.00	100.00	100.00	80.00
8	南　充	90.00	100.00	100.00	100.00	80.00
8	宜　宾	90.00	100.00	100.00	100.00	80.00
8	广　安	90.00	100.00	100.00	100.00	80.00
8	达　州	90.00	100.00	100.00	100.00	80.00
8	雅　安	90.00	100.00	100.00	100.00	80.00
8	眉　山	90.00	100.00	100.00	100.00	80.00
8	资　阳	90.00	100.00	100.00	100.00	80.00
8	阿　坝	90.00	100.00	100.00	100.00	80.00
20	广　元	80.00	80.00	80.00	80.00	80.00
20	巴　中	80.00	80.00	80.00	80.00	80.00

（二）提升司法透明度

根据最高人民法院一系列司法文件的要求，结合目前司法公开的要求和大数据的时代背景，提长司法透明度板块评估内容具体分为四个三级指标，依次为：审务公开、审判公开、执行信息公开和数据公开，主要考察各市（州）中级人民法院公开相关信息的情况。

审务公开板块的主要评估内容有法院的平台建设、人员信息、规范性文件、司法改革信息。平台建设考察的内容有网站是否唯一且有效、网站是否有浮动窗口以及网站搜索引擎的有效性、网站健康度（包括首页不可用率、首页栏目信息是否更新、网站是否被搜索引擎收录、首页不可用链接、其他页面不可用链接、附件不可下载个数、严重错别字个数、网页内容是否可复制8项内容），网站健康度由专门的技术公司进行检测。人员信息指标主要是对各法院门户网站公开本院人员信息的情况进行评估，具体包括各法院是否公开了如下信息：领导信息［姓名、职务、法官等级（领导无法官等级的除外）、简要经历］、审判人员信息（姓名、学历、法官等级）、审判辅助人员信息（姓名）。上述人员是参与审判执行工作的重要主体，对于案件的审判执行起着决定性或者重要的作用，在一定限度内公开其信息是保障公众知晓案件审判执行信息的基础，也是监督有关人员依法履职的前提。法院规范性文件公开是观察各法院门户网站公开本院制定的审判指导性文件、法院内部管理文件等的情况。公开这些文件有助于公众了解法院审判案件的规则、程序和标准，也有助于有效地监督法院依法行使职权。司法改革信息公开主要考察的是立案登记制、律师权益保护规定以及案外干预记录的公开。

审判公开板块主要评估内容为：诉讼指南、庭审公开、减刑假释公开以及裁判文书公开。诉讼指南包括对当事人的诉讼权利和义务、诉讼流程、法律文书样本、诉讼风险告知等内容的描述。通过门户网站、印制材料等提供系统、全面、准确的诉讼指南有助于直接、高效地宣传司法审判的相关事项，方便案件当事人和普通公众了解案件办理流程以及自身权利义务和诉讼风险，进而对案件审判过程及自身处境形成基本判断和预期。设定该项指标的目的是对各法院诉讼指南的公开情况和公开内容的准确性进行评估，本次主要考察的是诉讼指南的更新性和便捷性。庭审公开主要包括开庭公告的公开、旁听规则的公开及庭审直播的公开。减刑假释公开考察的是减刑假释裁定的公开情况。鉴于裁判文书都已发布在中国裁判文书网，裁判文书公开考察的是裁判文书不上网情况的公开。

执行信息公开板块主要考察的内容是各法院通过司法公开平台公开执行指南、执行终本案件、执行曝光、执行惩戒以及执行举报的公开情况。2013 年最高人民法院出台《最高人民法院关于推进司法公开三大平台建设的若干意见》，要求全面推进审判流程公开、裁判文书公开、执行信息公开三大平台建设，增进公众对司法的了解、信赖和监督，为贯彻司法公开的要求，各地法院积极搭建审执信息公开平台。执行信息公开是最高人民法院确定的三大公开平台的内容之一，通过执行信息平台及时向案件当事人、社会公众公开案件执行的信息，有助于规范执行流程、保障当事人的权利、动员社会力量监督法院、倒逼法院提升执行流程规范化程度，并对拒不履行生效判决的当事人形成失信惩戒机制。2016 年评估中，项目组主要依据《最高人民法院关于推进司法公开三大平台建设的若干意见》，设定了执行信息公开板块的指标。

数据公开板块主要考察的是法院财务信息、工作报告与统计数据。财务信息包括财务公开专栏、预决算信息公开、“三公”经费公开、涉案款物公开。法院工作报告评估各法院在网站公开 2015 年度工作报告的情况，具体包括：法院在门户网站设置法院工作报告栏目的情况、栏目公开本院2015年度工作报告的情况、公开法院年报及专项报告的情况。法院的年度工作报告不仅要提交给当地人民代表大会审议，也应当向社会公开，接受社会监督和评议，通过法院门户网站对社会公开有助于公众便捷、集中获取。统计数据主要包括：法院设置统计数据栏目的情况，法院通过门户网站公开收结案信息和专项统计信息的情况。专项统计信息是指除了收结案信息之外的其他与案件有关的司法统计信息。法院统计数据是法院收结案以及案件审理执行过程中产生的各类数据，这些数据是法院审判执行质效的反映，也是服务于经济社会发展的重要参考。公开法院不涉密的统计数据，向社会展示法院工作成效，有助于数据挖掘利用，让社会共享数据，在大数据时代，法院统计数据的公开意义尤为重要（司法公开总体评估结果见表14）。

表14　**提升司法透明度评估结果**

排名	市（州）	总分	审务公开（20%）	审判公开（30%）	执行信息公开（20%）	数据公开（30%）
1	成　都	84.35	84.10	64.50	96.00	96.60
2	眉　山	65.88	77.84	53.50	60.00	74.20
3	内　江	64.71	52.49	53.50	52.50	92.20
4	乐　山	63.75	66.59	53.50	45.00	84.60
5	遂　宁	59.83	52.87	59.00	60.00	65.20
6	巴　中	56.74	72.48	45.00	45.00	65.80
7	资　阳	56.61	67.58	29.50	72.50	65.80
8	绵　阳	56.40	58.94	43.50	60.00	65.20
9	南　充	53.07	56.41	53.50	30.00	65.80
10	自　贡	52.82	42.83	15.50	60.00	92.00
11	广　元	50.71	47.91	53.50	60.00	43.60
12	广　安	50.35	51.80	29.50	30.00	83.80

续表

排名	市（州）	总分	审务公开（20%）	审判公开（30%）	执行信息公开（20%）	数据公开（30%）
13	德　阳	47.03	37.00	53.50	52.50	43.60
14	阿　坝	46.54	69.64	15.50	60.00	53.20
15	泸　州	45.51	41.99	29.50	30.00	74.20
16	凉　山	42.27	42.28	39.50	30.00	53.20
17	达　州	40.05	62.11	25.50	30.00	46.60
18	攀枝花	39.67	40.84	51.00	30.00	34.00
19	雅　安	39.00	63.74	25.50	37.50	37.00
20	宜　宾	38.89	46.38	25.50	30.00	53.20
21	甘　孜	35.81	52.29	15.50	52.50	34.00

（三）提升检务透明度

提升检务透明度板块评估内容具体分为四个三级指标，依次为：基本信息、检务指南、检察活动和统计总结（提升检务透明度总体评估结果见表15）。

表15　**提升检务透明度评估结果**

排名	市（州）	总分	基本信息（20%）	检务指南（30%）	检察活动（30%）	统计总结（20%）
1	眉　山	58.25	54.00	57.50	50.00	76.00
2	资　阳	57.35	39.00	61.50	37.00	100.00
3	巴　中	51.95	39.00	54.50	38.00	82.00
4	广　元	49.40	55.00	56.00	32.00	60.00
5	南　充	47.15	43.00	49.50	29.00	75.00
6	德　阳	43.45	65.00	39.50	50.00	18.00

续表

排名	市（州）	总分	基本信息（20%）	检务指南（30%）	检察活动（30%）	统计总结（20%）
7	乐　山	43.10	54.00	38.00	31.00	58.00
8	成　都	43.05	50.00	57.50	38.00	22.00
9	内　江	42.80	49.00	47.50	34.50	42.00
10	绵　阳	40.00	49.00	37.50	30.50	49.00
11	雅　安	38.90	55.00	60.00	33.00	0.00
12	遂　宁	37.05	49.00	35.50	30.00	38.00
13	凉　山	36.80	49.00	43.50	22.50	36.00
14	泸　州	33.80	55.00	28.00	28.00	30.00
14	达　州	33.80	43.00	47.00	37.00	0.00
16	广　安	32.55	60.00	29.50	29.00	15.00
17	阿　坝	32.00	49.00	32.00	30.00	18.00
18	攀枝花	30.15	39.00	57.50	17.00	0.00
19	宜　宾	30.00	44.00	14.00	38.00	28.00
20	自　贡	26.85	33.00	33.00	34.50	0.00
21	甘　孜	23.10	45.00	23.00	24.00	0.00

（四）助力基本解决执行难

助力基本解决执行难板块分为三个三级指标，分别为：党委政府对解决执行难的支持、部门间协作机制以及执行活动规范化。其中，“党委政府对解决执行难的支持”的评估内容为各市（州）党委政府是否能够提供召开解决执行难的专门会议的会议纪要或者新闻报道；“部门间协作机制”的评估内容为各市（州）是否能够提供解决执行难的合作协议或合作文件抑或是合作会议纪要；“执行活动规范化”的评估内容为各市（州）能否提供出台的相关文件（解决执行难总体评估结果见表16）。①

表16 助力基本解决执行难评估结果

排名	市(州)	总分	党委政府对解决执行难的支持（30%）	部门间协作机制（30%）	执行活动规范化（40%）
1	成 都	100.00	100.00	100.00	100.00
1	自 贡	100.00	100.00	100.00	100.00
1	攀枝花	100.00	100.00	100.00	100.00
1	泸 州	100.00	100.00	100.00	100.00
1	德 阳	100.00	100.00	100.00	100.00
1	绵 阳	100.00	100.00	100.00	100.00
1	广 元	100.00	100.00	100.00	100.00
1	遂 宁	100.00	100.00	100.00	100.00
1	内 江	100.00	100.00	100.00	100.00
1	乐 山	100.00	100.00	100.00	100.00
1	南 充	100.00	100.00	100.00	100.00
1	宜 宾	100.00	100.00	100.00	100.00
1	广 安	100.00	100.00	100.00	100.00
1	达 州	100.00	100.00	100.00	100.00
1	巴 中	100.00	100.00	100.00	100.00

① 助力基本解决执行难主要是评估各市（州）是否建立了相应的机制，是否召开了相应的会议，是否下达了相关的要求。而对于机制的落实情况并不在本次评估的范围内。本次评估中各市（州）均就助力基本解决执行难建立了相关机制，召开了相关会议，下达了相关要求，但这并不意味着四川省各市（州）已经解决了执行难题，特此说明。

续表

排名	市(州)	总分	党委政府对解决执行难的支持（30%）	部门间协作机制（30%）	执行活动规范化（40%）
1	雅　安	100.00	100.00	100.00	100.00
1	眉　山	100.00	100.00	100.00	100.00
1	资　阳	100.00	100.00	100.00	100.00
1	阿　坝	100.00	100.00	100.00	100.00
1	凉　山	100.00	100.00	100.00	100.00
1	甘　孜	100.00	100.00	100.00	100.00

根据上述评估分项结果，四川省各市（州）司法建设的整体评估结果见表17。

表17　**司法建设总体评估结果**

排名	市（州）	总分	依法独立行使司法权（10%）	提升司法透明度（40%）	提升检务透明度（40%）	助力基于解决执行难（10%）
1	成　都	70.96	100.00	84.35	43.05	100.00
2	眉　山	68.65	90.00	65.88	58.25	100.00
3	资　阳	64.58	90.00	56.61	57.35	100.00
4	内　江	63.00	100.00	64.71	42.80	100.00
5	乐　山	61.74	90.00	63.75	43.10	100.00
6	巴　中	61.47	80.00	56.74	51.95	100.00
7	南　充	59.09	90.00	53.07	47.15	100.00
8	遂　宁	58.75	100.00	59.83	37.05	100.00
9	广　元	58.04	80.00	50.71	49.40	100.00
10	绵　阳	57.56	90.00	56.40	40.00	100.00
11	德　阳	56.19	100.00	47.03	43.45	100.00

续表

排名	市（州）	总分	依法独立行使司法权（10%）	提升司法透明度（40%）	提升检务透明度（40%）	助力基于解决执行难（10%）
12	广　安	52.16	90.00	50.35	32.55	100.00
13	凉　山	51.63	100.00	42.27	36.80	100.00
14	自　贡	50.87	90.00	52.82	26.85	100.00
15	泸　州	50.72	90.00	45.51	33.80	100.00
16	阿　坝	50.42	90.00	46.54	32.00	100.00
17	雅　安	50.16	90.00	39.00	38.90	100.00
18	达　州	48.54	90.00	40.05	33.80	100.00
19	攀枝花	47.93	100.00	39.67	30.15	100.00
20	宜　宾	46.55	90.00	38.89	30.00	100.00
21	甘　孜	43.56	100.00	35.81	23.10	100.00

二　亮点与创新

（一）司法公正制度健全

1. 省级层面相关配套制度落实到位

依法独立行使司法权的关键在于上级领导干部的重视，并出台相关制度予以保障。评估发现，中共中央办公厅、国务院办公厅印发《领导干部干预司法活动、插手具体案件处理的记录、通报和责任追究规定》（中办发〔2015〕23号，以下简称《规定》）后，四川省高度重视，采取多项措施抓好贯彻落实，主要开展了以下几方面工作。

第一，省委政法委研究制定四川省的具体实施办法。为了贯彻落实中央《规定》内容，省委政法委牵头组织了3个专题调研组，赴十余个市（州）、县（市、区）进行专题调研，代省委起草贯彻中央《规定》的实施办法。2016年8月1日，省委办公厅、省政府办公厅联合印发《四川省领导干部干预司法活动、插手具体案件处理的记录、通报和责任追究实施办法》（川委办〔2016〕34号，以下简称《实施办法》）。同时，省委政法委印发了《四川省司法机关内部人员过问案件的记录和责任追究实施办法》（川政法〔2016〕32号），省直政法各部门转发了最高人民法院等5部门《关于进一步规范司法人员与当事人、律师、特殊关系人、中介组织接触交往行为的若干规定》，进一步完善贯彻《规定》的配套措施。

第二，四川省高级人民法院建设全省法院过问案件信息管理系统，实现“线上”留痕监控。四川省高级人民法院于2015年底开发完成全省法院过问案件信息管理系统（同时包含外部过问、外部转内部、内部过问三种情形），同时起草《关于开展外部人员过问案件信息留存留痕工作的通知》（以下简称《通知》）并制作过问案件信息管理系统使用手册印发全省各级法院，通过区分网络信息方式、书面形式、口头方式等情形由案件承办法官将相关信息同步、准确录入网上办案系统，对相关函文、信件、视听材料、电子数据等，应当分类存储，信息专库保留。书面材料一律附随案件卷宗归档备查，实现过问信息留存留痕及汇总分析。

第三，省检察院建立情况报告制度。省检察院及时转发通知，明确提出要求，并将《领导干部干预司法活动、插手具体案件处理的记录、通报和责任追究规定》和《司法机关内部人员过问案件的记录和责任追究规定》公开在到检察院局域网上，供全省检察人员随时学习；建立和落实“一季度一报告”制度，每季度末对全省检察机关领导干部干预司法活动、插手具体案件处理情况、司法机关内部人员过问案件情况进行汇总分析并上报高检院和省委政法委。

2. 加强防止领导干部干预司法的制度建设

防止领导干部干预司法是依法独立行使司法权的重点。评估发现，四川省21家市（州）都十分重视领导干部干预司法活动、插手具体案件处理的记录、通报和责任追究这一制度的落实，有的市（州）是由当地政法委转发了中央两办和四川省的相关制度文件；有的是当地的市委办和政府办联合发文要求认真贯彻落实四川省的《实施办法》。

其中，18家市（州）在贯彻落实中央和四川省相关文件、制度的基础上，建立了自己的记录、通报和责任追究制度，占

85.7%。例如，成都市中级人民法院于2016年11月10日下发的《关于进一步贯彻落实防止干预司法活动相关规定的通知》实施方案分为三部分，第一部分提出了贯彻落实上级规定和文件精神，切实防止干预司法活动的相关要求；第二部分印发了中央三个规定、两个文件及四川省相关文件的原文；第三部分则下发了《领导干部干预司法活动、插手具体案件处理情况记录表》《司法机关内部人员过问案件记录表》《领导干部干预司法活动、插手具体案件处理情况统计表》《司法机关内部人员过问案件情况统计表》《司法人员与当事人、律师、特殊关系人、中介组织不当接触交往情况统计表》五个统计表格。此外，成都市中级人民法院还制定了《关于落实司法责任制的实施方案（试行）》，其中专门提出了不得干预过问案件的具体要求："任何组织和个人违法干预司法活动、过问和插手具体案件处理的，应当依照规定予以记录、通报和追究责任。领导干部干预司法活动、插手具体案件处理和司法机关内部人员非因履行职责需要过问案件的，应当按照中央、最高人民法院等相关规定及实施办法，全面、如实、及时予以记录，留存相关材料，并在案件信息管理系统中设立外部人员过问信息专库，同步录入外部人员过问信息并按要求分析报送，做到全程留痕、永久存储、有据可查。"

3. 防止干预司法的相关制度落实到位

在制度建设保障到位的基础上，依法独立行使司法权的重点在于将防止领导干部干预司法的相关制度文件精神落实到位。

评估发现，四川省各市（州）大多比较认真传达中央和四川省关于防止干预司法相关文件的精神，制作了相关的配套登记表格，要求本市（州）政法机关按时报送领导干部和机关内部干预司法活动、插手具体案件处理的记录、通报和责任追究的问题，为这些制度的贯彻落实提供了保障。例如，德阳市委政法委出台的《德阳市司法机关内部人员过问案件的记录和责任追究实施办法》，制作“司法机关内部人员过问案件记录表”；自贡市中级人民法院早在2015年中央文件出台后两个月内就制定自己的《内部人员非因履行职责过问案件的记录和责任追究实施细则》，并制作了比较完备的《法院工作人员及退休人员过问案件登记表》。

阿坝州中级人民法院每个季度都会撰写一份本季度《贯彻落实中办、国办和中政委“两个规定”以及省法院“两个规定”工作的情况报告》，对本季度内，该法院针对贯彻落实《领导干部干预司法活动、插手具体案件处理的记录、通报和责任追究规定》等规定的情况进行报告。攀枝花市中级人民法院办公室出台了《关于规范法官会见行为及案件审判执行过程中对非因履行职责过问案件全程留痕的通知》，并制作了“过问案件全程留痕统计表”及“法官会见人员统计表”等。

绵阳、广元、雅安、眉山、甘孜、成都等市级检察院将内设机构和基层检察院贯彻落实“两个规定”情况纳入年度党风廉政建设责任和绩效考核内容，促进“两个规定”落地生根。

评估发现，至少从制度层面保障了司法活动不受领导干部和司法机关内部人员的干预和插手。鉴于《规定》是两办于2016年7月刚刚发布的新文件，各市（州）在短短半年时间内已经贯彻落实到位；可见，各市（州）对于保障司法机关独立公正行使审判权和检察权十分重视。

（二）司法公开内容丰富

1. 加强平台建设，助力审务公开

全省各市（州）中级人民法院门户网站建设较好，助力公开司法信息。首先，四川省21个市（州）法院有20个法院建有门户网站，且其中19个法院建有唯一门户网站且链接有效；其次，四川全省建有以审判流程公开、裁判文书公开、执行信息公开为

公开内容的统一的司法公开平台，平台首页的右上角有“切换法院”字样，点击后出现四川省地图可以链接到各市（州）法院页面；最后，网站友好性方面，有 17 家法院门户网站首页无浮动窗口，17 家法院门户网站提供了搜索功能。

2. 公告栏目完善，便于公众查询

评估发现，四川司法公开平台建有专门的公示公告栏目发布开庭公告和减刑假释信息，开庭公告栏目分为当日开庭公告和所有开庭公告方便公众查看，并配有以案号、开庭日期、当事人等作为搜索条件的搜索栏供公众查询开庭信息。

3. 执行公开栏目内容丰富

评估发现，四川省高级人民法院司法公开平台统一建有执行信息公开栏目，且该栏目下设执行指南、执行案件查询、执行公告、曝光台、执行动态、执行举报 6 个子栏目，分类全面。

4. 数据公开内容逐步多样

第一，数据公开的栏目建设情况非常好。四川司法公开平台上建有专门的财务公示栏目和司法统计公开栏目；第二，预算公开情况较好，有 12 家法院公开了 2016 年预算情况及预算编制说明；第三，有 14 家法院公开了 2015 年决算信息的详细情况，包括收入支出决算总表、收入决算表、支出决算表、公共预算财政拨款支出决算、非税收征缴情况、行政经费支出情况。

（三）检务公开可圈可点

评估发现，四川省检察机关对于检务公开较为重视，将阳光检务的成效、名次作为年度检察工作的重要内容。四川省人民检察院工作报告中强调其案件信息发布量居全国各省级检察机关第

一，公开法律文书居全国检察机关第二，四川检察机关是全国第三、西部首个实现“两微一端”全覆盖的省级检察机关。① 在检务公开方面的成效突出表现在以下方面。

1. 所有的市（州）检察院均建立本单位的门户网站，并均可顺畅打开

以全国范围的较大市评估来看，每年都有一些省份的较大市存在无网站或网站无法打开的情况。直到2016年度的评估，仍有4个省份存在该问题。四川省各市（州）检察院网站的全覆盖，相当可观。

2. 网站的公开、互动效果有所改进

比如，已有19家检察院提供了集中的案件查询系统链接且可直接查询到本院信息，占90.5%；为代理人、辩护人设置有效的辩护与代理预约申请平台的，也有19家检察院。

3. 起诉书等法律文书公开日趋普及

截至评估结束，已有18家检察院或在自身官网或在最高人民检察院提供的平台上公开了起诉书，占85.7%；已有11家检察院公开了抗诉书，占52.4%。

4. 一些检察院的部分板块表现可圈可点、亮点令人瞩目

比如，资阳市人民检察院的统计总结板块，取得了令人瞩目的满分。

（四）执行问题初见成效

1. 各市（州）党委、政府普遍重视助力基本解决执行难工作

在省级层面，省依法治省领导小组于2016年6月2日在全国

① 《2016年四川省人民检察院工作报告》，网址为：http://www.sc.jcy.gov.cn/ygjw/gzbg/201606/t20160617_1809481.shtml，2017年1月17日最后访问。

率先发文，以一号文件的形式印发了《关于“两年内基本解决执行难”工作的意见》，从8个方面逐项明确各级党委、执行工作联席会议成员单位、政府职能部门、政法部门、法院的工作职责及进度时限要求。《意见》将网络查控、失信惩戒、打击拒执和反对消极协助执行、干预执行等解决执行难重点工作，纳入党政绩效目标管理、社会治安综合治理目标责任考核，进一步形成全省综合治理执行难的工作大格局。四川省还召开省执行工作联席会议进行专题部署。

四川省各市（州）党委对于切实解决执行难工作普遍高度重视，各市县党委狠抓落实。全省21个市（州）、180余个县（市、区）均召开党委常委会，相应出台文件、细化工作举措，采取各种形式促进解决执行难。

一是有些市（州）党委召开解决执行难联席会，例如，成都市分别于2016年1月和2016年11月召开两次由市委政法委主办、市中院承办的全市执行工作联席会议。除了市委常委、市中级人民法院领导参会外，市纪委、市检察院、市公安局、市国土资源局等几十个联席会议成员单位和3家驻川、驻蓉金融机构负责人参加了会议。而这样的情况，在四川省各市（州）比较普遍。二是有些市（州）党委会专题研究解决执行难工作或者专门听取法院关于执行工作的汇报。例如，自贡市、资阳市市委常委会研究了基本解决执行难问题工作。其中2016年6月30日召开的资阳市市委常委会要求将各部门对执行工作的配合纳入市委、市政府年终绩效考核，并出台了《关于解决执行难工作的议定事项》；还有些市（州）由依法治市（州）办公室发布了加强执行工作或者解决执行难的工作意见、实施方案等，具体布置和指导解决执行难工作。例如，德阳市委办、政府办联合发布了《关于进一步加强人民法院执行工作的意见》，绵阳市依法治市领导小组印发了《关于“两年内基本解决执行难”工作的意见》。由此可见，对于助力基本解决执行难问题，各市（州）力度空前，大都在市（州）委的高度召开了相关的专题会议，制定了相应的文件，要求全市各机关单位对解决执行难予以密切配合。

2. 部分市（州）建立了部门间协作机制

助力基本解决执行难是全社会的系统工程，因此，执行难必须动员全社会的力量共同解决。在省级层面，2016 年 6 月 22 日，四川省执行联席会议召开第十三次会议专题部署“基本解决执行难”工作。四川银监局、省公安厅、住建厅、国土厅分管领导表态发言。会议采取视频形式，省人大内司委、省法院、省检察院、省委组织部、省委政法委等执行工作联席会议成员单位和省级有关单位负责人 70 余人出席会议，各地执行联席会议成员单位负责人和联络员近 9000 人参加会议。全省 179 家总行在川银行对接全国“总对总”查控系统。省国土资源厅不动产登记局对接省级“点对点”查控系统。目前，全省法院运用网络执行查控系统向各金融机构提起财产查控 1000 万余次，民政婚姻登记查询 5.1 万余次，证券查询 9.3 万余次，公安车辆查询 2.1 万余次，涉及案件 25.3 万件。查询被执行人银行存款 2304 亿元，冻结金额 14.7 亿元，扣划金额 1.41 亿元。

在各市（州），也有建立了一些部门间的协作机制。全省范围内，316 个市县土地或房产管理部门、109 个车辆管理部门、46 个税务部门、18 家公积金中心与法院对接开通“点对点”查控系统。广安市中级人民法院分别与本市的国土局、民政局、税务局、公安局、工商局以及中国银行、工商银行、建设银行、农业银行、邮政储蓄银行广安市支行、成都银行广安市分行、四川农村信用社广安办事处等十几家单位签署共建法院查控网平台的协议。成都法院积极争取党委政府领导和财政、行业主管及民政部门的支持，协调解决 242 件涉民生案件，涉及案款 1063 万元，有力解决了弱势群体实际困难。泸州市泸县法院在执行企业拖欠民工工资系列案件中，通过多次与企业所在地的政府部门进行沟通、协调，对查封、扣押的财产及时启动评估、拍卖程序，及时为391名民工兑现工资289万元。眉山市彭山县法院在执行柴某洪等340名民工申请执行某化工有限公司追索劳动报酬纠纷案中，通过主动向当地党委、政府寻求支持，主动与经信、国土、财政、银行等单位加强协作，年前将工资款直接转账至340名民工个人账户，该案被评为2015年度四川省法院十大典型案例。另外，成都、自贡、巴中等地分别以信用信息网为依托，建立诚信红黑榜发布平台，对法院推送的失信被执行人名单予以黑榜曝光；将失信被执行人信息录入征信管理系统，限制被执行人贷款融资、信用消费；利用城市LED屏、公交车载电视、网络媒体、集中公告等形式集中发布《敦促被执行人履行法律义务的通告》。

3. 执行活动规范建设有力

在加大解决执行难工作的同时，四川省还不断加强执行工作的规范性建设。在省级层面，四川省高级人民法院开展“执行规范年”专项活动，出台《执行工作规范化建设指导意见》，明确8类案件办理规范，强化流程节点管控，做到全程留痕、全程公开、全程监控。为进一步严肃工作纪律，严格消极执行、选择性执行、乱执行的责任追究，确保执行公正与高效，提升司法公信力，推进四川法院“两年基本解决执行难”工作。2016年8月2日，四川省高级人民法院在全国率先出台《关于消极执行、选择性执行、乱执行责任追究的暂行规定》，梳理界定消极执行、选择性执行和乱执行的25种具体情形，实行严格的责任追究。四川省高级人民法院出台《关于严格规范民事无财产可供执行案件办理工作的意见（试行）》，通过细化完善无财产案件的财产查控、分类处理、终本意见征询、终本听证、信息公开、动态管理、恢复执行、执行救助8项工作机制，进一步明确无财产可供执行案件的程序标准和实质标准，引导社会理性看待“执行不能”。此外，其还按照最高人民法院和最高人民检察院的要求，与四川省人民检察院联合发文、联合督导，积极开展案款集中清理活动，强力推行运用财务案款管理系统，严格落实“三个一”制度。

在各市（州）层面，不少市（州）中级人民法院也在2017年制定规范、出台文件不断规范执行行为。雅安市中级人民法院制定了《全市法院开展“执行规范年”活动实施方案》，以有效防止不作为、慢作为、乱作为和“力争两年基本解决四川执行难”为目标，进一步强化执行干警的“法律底线、权利保障、执行规范、执行公开、市场规律、协调配合、风险防范、执行创新”意识，着力解决执行工作中存在的突出问题。成都市中级人民法院制定《执行工作手册》，包括“一般规定”“工作职责”“工作流程”“工作方法和要求”等几个方面，明确规定了执行工作的基本理念、主要方法和工作要求，规定了执行局各处的分工和职能，明晰了从执行局局长到书记员等十多个工作岗位的职责；明确执行案件标准，规范自由执行权，减少执行随意性；规定执行实施权实行层级管理，本着集体行权原则，明确议定事项。

三　发现的主要问题

（一）履职保障制度有待加强

四川省各市（州）在依法独立行使司法权的路上虽然取得了一些成效存在不少亮点，但也还存在一些不足之处，有的还具有全国普遍性。

1. 履职保障制度建设仍待加强

无论是从省级层面还是从市（州）层面，四川省各地关于防止干预司法活动、插手具体案件处理的相关制度相对比较健全，而关于司法人员履职保障机制的规定则相对不足。特别是在各市（州）层面，14个市（州）没有制定自己的司法人员履职保障机制，占66.7%。在有自己履职保障内容的7个市（州）中，对于司法人员履职保障的规定也不是十分健全、明确。有的市（州）只是在有关司法责任的文件中用几个条文提到了司法人员履职保障。例如，内江市中级人民法院《关于落实司法责任制的实施办法（试行）》第36条规定了法官依法履职免责，① 而在第38条

---

① 该条规定：（法官依法履职免责）法官依法履行职责的行为不受追究，审判委员会委员在讨论或者表决案件时发表意见不受追究，除非确有证据证明法官存在贪污受贿、徇私舞弊、枉法裁判等严重违法审判行为外，法官依法履职的行为不得暂停或终止。

中规定了加强法官的职业保障。① 有的法院则在防止司法干预或者司法责任的文件中简单提及了特定情况下的司法人员履职保障的问题，例如，德阳市委、政法委在《关于印发〈德阳市司法机关内部人员过问案件的记录和责任追究实施办法〉的通知》（德市政法发〔2016〕32 号）第 11 条规定："办案人员如实记录司法机关内部人员过问案件的情况，受法律和组织保护。司法机关内部人员不得对办案人员打击报复。办案人员非因法定事由，非经法定程序，不得被免职、调离、辞退或者给予降级、撤职、开除等处分。"

虽然，健全并落实干预司法活动、插手具体案件处理的相关制度，能够直接减少司法机关内外部对案件的干预和干涉，但是加强对司法人员的履职保障则是确保司法人员能够独立行使审判权和检察权更为根本的途径。在司法人员自身履职保障尚不到位的背景下，如果领导干部对司法在履职之外进行过问，法官、检察官或者司法辅助人员更加不容易抵制这种压力，审判权和检察权必然受到更多掣肘。所以，建立健全并落实司法人员履职保障机制对于确保司法公正具有更为重要的作用，但是这项制度在全省的重视程度显然尚不令人满意。

---

① 该条规定：（加强职业保障）切实维护法官合法权益，对法官因依法履职遭受不实举报、诬告陷害或经认定不应追责的，应当在适当范围及时澄清事实，消除不良影响，并连续计算其因接受调查而暂缓的等级晋升时间。对法官作出错误处理的，应当赔礼道歉、恢复职务和名誉，造成经济损失的依法给予赔偿。

加大对侵害法官及近亲属人身财产安全、干扰法官依法履职、侵犯个人隐私等违法犯罪行为的惩治力度，研究完善相关配套制度保障法官依法履职。

积极争取当地党委、政府的支持，着力解决相应的经费保障、物质激励和审判力量不足等问题，健全法官职业保障机制，激发法官和审判辅助人员的工作主动性和创造性。

2. 制度建设发展不均衡

四川省各市（州）之间在依法独立行使审判权和检察权的制度建设方面参差不齐，有些市（州）制定了比较完备的司法干预记录、通报和责任追究制度，并且也健全和落实了司法人员履职保障机制。例如，成都市中级人民法院在《关于落实司法责任制的实施方案（试行）》中不仅对防止司法干预进行了规范，并且对法官履职保障加以规定，同时还专门下发了《关于进一步贯彻落实防止干预司法活动相关规定的通知》。自贡市大安区委政法委为了认真帮助干警解决实际困难和问题，进一步丰富和创新政法文化建设，下发了《关于建立和完善政法干警暖心工程的意见》。也有一些市（州）的制度建设相对比较落后，无论是在防止司法干预还是在保障司法人员履职方面，都只是转发了上级的一些文件，没有制定自己的文件，没有具体的落实措施，应对相对不力，如广元市、泸州市、巴中市等。

3. 制度建设的层级不高

虽然，大多数市（州）都转发甚至制定了防止司法干预文件，部分市（州）也部署了司法人员履职保障机制，但是这些文件、制度的发布机关层次各异，极不统一。有些市（州）是由市（州）委办、市（州）政府办联合发布文件，如乐山市、达州市、眉山市、凉山州等；有些市（州）则是由市委政法委发布文件，如攀枝花市、德阳市、资阳市等。上述市（州）委办、市（州）政府办、市委政法委发布的文件都是在全市层面上的文件，效力和权威性都较高；而其他的一些市（州）往往是由该市（州）中级人民法院或者市（州）人民检察院单独发布文件，其效力只能够及于法院或者检察院内部，效力等级和权威性往往不足，对于法院或者检察院外部领导干部的干预往往显得无能为力。

（二）司法公开仍存在不规范

1. 信息发布不规范

评估发现，成都中院司法公开平台“成员分工”栏目下公开的是德阳市中级人民法院领导分工内容（见图2）；泸州中院门户网站“最高法院通报立案登记制改革实施情况”标题下内容为空白（见图3）；南充中院门户网站“开庭公告”栏目下发布了一些与开庭信息无关的内容（见图4）。

图2　成都中院司法公开平台“成员分工”栏目截图

注：截图时间：2017年1月15日。

图3 泸州中院门户网站“最高法院通报立案登记制改革实施情况”截图

注：截图时间：2017 年 1 月 17 日。

图4 南充中院门户网站“开庭公告”栏目截图

注：截图时间：2017 年 2 月 5 日。

2. 栏目设置不合理

有的法院门户网站网页栏目设置不合理。一是四川省司法公开平台中“司法公开”字样作为上下级栏目名称同时出现。二是司法公开平台建有“成员分工”栏目，成员的分工没有必要单独设置一个栏目。三是有18家法院未在网站建设专门的“工作报告”栏目。

3. 信息公开内容不全

评估发现，首先，在人员信息方面，21家法院中有13家未公开院领导的学历，有12家未公开院领导的工作经历，有11家未公开审判人员的法官级别，有18家未公开法官学历或工作简历，有20家未公开书记员的姓名。其次，本院规范性文件发布方面，有10家法院无专门栏目发布本院规范性文件。再次，有19家法院未公开旁听规则；有20家法院未发布旁听预约服务；有6家法院没有上传庭审视频；21家法院均未公开裁判文书不上网的数量、案号以及不上网的理由。最后，在数据公开方面，有13家法院未在网站发布2015年度法院工作报告，有18家法院未发布本法院的各类案件统计情况，有20家法院未在网站发布本年度或者往年的专项报告或白皮书。有的法院的工作报告在本院网站上没有找到，而只是发布在其他的网站（如人大网）上。

4. 公开信息更新不及时

本次评估针对行政诉讼的更新情况进行评估，具体有：行政诉讼时效、一审审理期限、被告答辩、举证时间、二审审理期限、再审的提起期间等几个方面。评估发现，21家法院中仅有3家对诉讼指南进行了部分更新，其余18家法院未进行更新或者未发布相关内容。

5. 网站友好性有待提升

评估发现，“诉讼指南”栏目有8家法院未按照一定的标准对诉讼指南进行分类，而是把内容堆积在栏目中；司法公开平台中的“减刑假释信息公示”栏目点击后链接到全国减刑假释公开网，但不能直接链接到该网的本院页面的相关信息，均链接到四川高院公开减刑假释信息的页面；尽管司法公开平台可以切换到各个法院界面，开庭公告也设有搜索功能，在查看某个具体的法院的开庭公告时，仍然需要在搜索框的下拉菜单中逐个查找此法院名称，带来不必要的麻烦。

6. 执行信息公开普遍较不理想

评估发现，执行常识公开方面，有7家法院未公开，有5家法院公开了其中一项信息，有9家法院公开了其中两项以上的信息；执行流程方面，有10家法院未公开执行流程或者流程图；21家法院均未对终本案件信息进行公开；执行曝光公开方面，有20家法院未公开近三个月（2016年10月1日—12月31日）限制出境名单，21家法院均未公开限制高消费名单（2016年10月1日—12月31日）及执行悬赏信息（2016年10月1日—12月31日）；执行惩戒方面，21家法院均未在网上公开执行罚款拘留以及追究刑事责任的信息；执行举报方面，有19家法院未在网上公开执行线索举报电话或邮箱。

（三）检务公开依然任重道远

评估结果显示，四川省各市（州）的检务公开仍存在一些不足，主要表现在以下方面。

1. 人员机构信息公开仍处于起步阶段

公开其内设机构设置和职能情况，理应是每个国家机关的

“基本动作”。但公开了检察官的姓名、简介基本情况的，只有3家检察院，占14.3%。检察院领导信息的公开相对好些，有20家检察院公开了部分或全部领导信息。与人民法院早已普遍实现法官信息公开上网相比，这形成了强烈落差。

2. 检务指南的公开仍存在较大缺漏

在自身门户网站未提供自侦案件须知的，有10家检察院，占47.6%；未提供刑事申诉须知的，有11家检察院，占52.4%；未提供民事申诉须知的，有12家检察院，占57.1%；未提供监所检察须知的，有20家检察院，占比高达95.2%。

检察活动的公开也普遍较差。检察活动的公开，对于检务公开从形式走向实质，满足当事人、代理人和一般公众的检察信息知情需求，具有重要意义。但四川省各市（州）的检察活动公开，普遍较为薄弱。有11家检察院未提供行贿犯罪档案查询，占52.4%。新闻发布会的公开也较为薄弱，有16家检察院的门户网站未提供2016年1月1日以来的新闻发布会信息，占比高达76.2%。

检务法律文书公开的类型仍以起诉书为主。截至评估结束，被评估检察院的量刑建议书、检察建议、检察意见的公开仍处于起步阶段。

公开反映2015年检察情况的工作报告（包括全文、摘要）的仅有6家检察院，占28.6%。而公开反映2014年检察情况的工作报告（包括全文、摘要）的仅8家检察院，占38.1%。显然，四川检察机关在检察工作报告的公开方面仍需继续努力。

10家检察院未公开2016年度预算、2015年度决算、2014年度预算的信息，占47.6%；而完整公开上述预决算信息的，仅有5家检察院，占23.8%。显然，检察院预决算信息的公开依然道阻且长。

（四）解决执行难需重视效果

1. 部门间协作机制有待实践考验

由于省市两级党委政府高度重视，四川在全省和各市（州）层面都建立了一系列解决执行难的“联席会议”或者会签了一些合作文件。但是，由于解决执行难是法院面临的问题，如果缺乏严格的考核和检查机制，其他部门和单位只是配合法院开展工作，其积极性不会很高。稍有松懈就可能出现解决执行难的文件和制度沦为“纸上谈兵”，无法落到实处的情况。四川省高级人民法院在2016年6月的《关于力争两年基本解决四川执行难的情况报告（摘要）》中曾提到执行难的原因。一方面，其体现在网络查控处未“全覆盖”，找人查物未形成全方位格局。网络执行查控处系统尚不能完全实现主要财产的查询、控制、处置自动化和网络化。因全省不动产信息没有建立统一的数据平台，全省400余家不动产登记部门大部分没有入网。2015年，车辆、房地产等主要财产网络查控率低于60%，不少案件的查控方式仍以“登门临柜”形式为主。有的财产因手续、登记、财产性质等原因，不具有市场流通性而无法处置；不动产等财产因登记信息与实际情况不一致而难以处置。另一方面，消极协执、干预执行增加了执行难度。协助单位存在不配合提供被执行人财产、收入，不配合办理过户、登记等手续，不配合冻结、扣押、扣划财产等消极协执情况。2015年，协执受阻8500余件，占全年受案总数逾4%。① 这些问题能否通过执行难联席会议或者上述文件的落实予以彻底解决，还有待实践考验。

---

① 最高人民法院执行局：《四川省高级人民法院关于力争两年基本解决四川执行难的情况报告（摘要）》，《“两到三年时间内基本解决执行难”工作动态》第19期。

2. 部分执行规范化文件比较零散

虽然四川省各市（州）大多提供了规范执行行为的文件和规定，但是有些文件和规定十分零散。有的在法院落实司法责任制文件中体现，例如，遂宁市提供的执行活动规范化文件仅仅体现在遂宁市中级人民法院《关于推进“五项规范”的实施方案》中，只是作为“规范审判执行工作”的一部分被提及而已。有的则是分散在有关执行工作的若干个文件之中，规定十分不明确，如广元市、南充市、资阳市等。这与切实解决执行难相关文件通常由市（州）党委、政府、政法委等发布相比，效力和等级层次都相去甚远，其落实和执行的效果也有待近一步观察。

四　完善建议

（一）强化司法履职保障，提高规范效力层次

1. 完善司法人员履职保障的制度建设

加强司法人员的履职保障是确保审判权和检察权独立行使的重要条件。建议四川省各市（州）在加强司法人员责任制制度建设的同时，不断完善司法人员履职保障制度，并依据《保护司法人员依法履行法定职责规定》《人民法院落实〈保护司法人员依法履行法定职责规定〉的实施办法》的精神和要求出台专门的规范性文件、实施细则，或者具有可行性的执行办法，切实加强司法人员的安全保障。例如，明确在司法人员人身安全受威胁时公安机关介入的具体方式、处理办法，乃至责任义务；确定法官权益保障委员会对人身、财产、住所安全受到威胁的司法人员提供援助和救助的条件与程序等。

2. 加强制度建设的均衡性与效力层级

制度实施效果与各项规范性制度的效力层级与发布单位息息相关，四川省各市（州）虽然为加强依法独立公正行使审判权和检察权工作出台了不少规范性文件，但是它们的发布单位不一、层级不一，一定程度上影响了防止司法干扰和司法人员履职保障制度充分发挥作用。因此，建议加强各市（州）的司法公正相关制度的建设，提高规范性文件出台的规格，建议考虑由各市

(州)政法委或者由市(州)委办、政府办联合发文。特别是一些目前制度建设相对薄弱的市(州)更要加强市(州)委的统一领导，不能仅仅转发上级通知，或者仅由法院、检察院发布相关配套措施。

3. 督促检查司法公正各项措施的实际效果

制度建设是司法公正的重要环节，但是制度建设重在落实，只有纸面上的制度，没有行动中的规范，再好的制度也将是一纸空文。四川省各市(州)在司法公正相关配套措施比较完善的基础上，今后应当着重将司法公正建设转移到制度落实层面，加强检查督促力度。加强督查评估各市(州)防止违法干预的相关举措是否落到实地，违法干预的事例是否通报，侵害司法人员履职的事件是否已经杜绝，法官和检察官是否能够真正独立地行使审判权、检察权。

(二)提升司法公开意识,加强公开平台建设

1. 提升司法公开意识

评估发现，四川省各级法院不仅有自己的门户网站，全省还建设了司法公开统一平台，投入大量的经费、人力对网站和信息系统进行升级改造，但司法公开平台栏目设置重复，信息放置无序未能有效改变信息获取难的状况。其根本原因在于当前的司法公开工作还停留在一种相对封闭的状态中，法院和法院工作人员还只是站在自身工作角度揣测应如何公开，对于公众和当事人需要什么信息、希望怎么获取以及怎么公开更有助于其获取信息，则缺乏调研，知之甚少，不闻不问。这说明不少法院的司法公开工作还没有摆脱自身工作的局限，没有跳出自身工作的思维定式，还没有真正站在一个普通公众甚至一名案件当事人角度考虑其获取司法信息的真实需求。建议四川省各市(州)司法机关提

升司法公开的意识，不仅要严格按照最高人民法院的要求公开，而且要从便利当事人和社会公众的角度思考更好的公开方式。

2. 加强公开平台建设

网站是司法公开的第一平台，这是信息社会发展的必然趋势。一些传统的公开方式不会退出历史舞台，但随着互联网的日益普及，凭借信息容量大、不受时空限制等优势，网站在司法公开中的作用将是不可替代的。近年来，随着信息技术的普及和电子政务的不断发展，电子政务网站已经从最初的发布信息，向在线交流、在线办事扩展，并已普遍具有这三项功能。其中，发布信息的功能是政务网站最基本也是最不可或缺的功能，其目的在于将公权力运行中产生的信息通过网站分享给公众，起到宣传自身工作、满足公众知情权、方便公众办事、引导公众行为等作用。信息的发布也自然需要立足于公众需要什么、关心什么，以及有关机关希望通过发布达到什么目的。只有明确法院网站能做什么、怎么做更妥当，才能真正发挥网站在公开信息中的作用。

确定这样的定位，就意味着法院网站必须注重信息发布的实效，找准公众需求和自身工作的需要，而不能为了公开而公开、为了发布信息而发布信息，否则有可能令那些公众真正需要的信息淹没在各种无关信息之中，适得其反，引发公众对司法权力不必要的质疑和批评。

3. 增强网站实用性和易用性

建设网站的目的是让外界方便地获取法院的各种信息，这就需要在实用性和易用性上下功夫。

首先，配备基本功能，填充相关内容，并处理好政务网站和司法公开平台的关系。四川省司法公开平台栏目建设齐全、分类明确详细，但是很多栏目为空或者一直处于测试阶段，可获取的信息很少。如果把现有栏目充实起来，可大大提高实用性，满足公众的信息需求。对于那些关系到当地特定、本院特色的信息，也应鼓励法院从主动宣传自身、拉近公众与法院关系的角度，在法院政务网站中积极开发、合理配置。

其次，应注重网页界面友好性和栏目的层次性，方便公众使用。在网站设计上要综合考虑栏目的主次、信息的重要性、信息发布的目的性等，把公众最需要获取、法院最需要公开的信息放在醒目位置。栏目设置坚持合理且优化原则，做好栏目归类，处理好上级栏目与下级栏目的关系，充分发挥栏目作用，规范信息发布位置，避免信息栏目的虚化，并重视检索功能的配置。

（三）丰富检务公开内容，改进网站使用效果

在肯定四川省检务公开取得一定成效的同时，仍应清醒地认识到尚存在的问题和不足。总体上，四川省检务公开在全国尚未跻身“第一梯队”，仍有巨大的提升空间。无论从总分还是从各板块来看，四川省得分均不尽如人意。

1. 进一步增强网站友好性和易用性

评估显示，有 14 家检察院或无检索窗口，或检索功能经验证无效，占比达到 66.7%；另外，尚有 3 家检察院网站设有浮动窗口且无法关闭，影响用户的观感，占比达 14.3%。检察院的门户网站建设，应当着眼于“用”，只有好用的网站才会受到公众欢迎，进而提升利用率和可及性。检索功能作为网站标配，对于公众查阅获取信息至关重要；在一些网站栏目设置不合理、栏目名称和内容存在“名实不符”的问题背景下，检索功能显得尤其重要。为此，四川省有必要将检索功能作为网站建设的重点内容，并借鉴商业网站的复杂检索、语词联想。

2. 扬长补短，丰富检务公开的内容

在今后的检务公开工作中，其中尤其应注意以下四方面。

一是基本信息公开，作为检务公开的前提和基础应尽快补上。公开检务法律文书类型，应当尽可能全面，逐步将量刑建议书、检察建议、检察意见、刑事申诉复查决定书等检察院制作的法律文书全面公开。

二是检务指南须知的公开应引起足够重视。检务指南须知本应为检务公开的规定动作，但时至今日不少检察院的表现并不尽如人意。一方面，检务涉及的指南须知多种多样，一些检察院提供的指南信息内容不完整、不全面的现象较多；另一方面，一些检察院门户网站虽然提供了指南信息，但并未据法律修改、司法文件出台及时更新，内容存在过时甚至错误，误导了公众。指南公开，非不能也实不为也。需要引起检察机关的重视，必将快速改进完善。

三是加强相关统计信息的公开。为彻底落实“公开为原则、不公开为例外”的原则，借鉴法院公开统计情况的做法，在尽可能最大限度地公开检务法律文书的基础上，公开各类文书的公开情况，以及不公开法律文书的类型、数量、理由等情况的统计信息。并可考虑探索反向公开机制，将不公开的法律文书通过适当方式公开其标题和文号。

四是推动检察活动走向全面网上公开。诸如刑事申诉公开审查、不起诉案件公开审查，既然为“公开”审查，理应探索网上公开的渠道和方式，以确保规范运行并增进公信力。

3. 处理好多种公开渠道的关联

检察院网上公开虽然起步较晚，发展至今也有两大亮点令人瞩目，彰显出后发优势。一是集中公开成效显著。最高人民检察院统一建设的人民检察院案件信息公开网（www. ajxxgk. jcy. cn），将包括四川省三级检察院在内的各地、各级检察院的案件程序性信息查询、辩护与代理预约申请、重要案件信息、法律文书公开整合在统一平台上，极大地便利了群众统一查询使用。二是新媒体公开成效显著。四川省三级检察院均建立了自己的官方微博、微信公众号。在此也出现了新的问题。集中平台、门户网站与新媒体三种载体如何进行公开内容、公开时机、公开方式的分工，形成最良好的公开效果，就成为值得研究的课题。

项目组认为，首先，应当突出门户网站第一平台的功能定位。门户网站的公开，应当最为全面、准确、权威。新媒体的公开，并不意味着门户网站就可以默不作声；其次，应当发挥好新媒体公开的优势，扬其长而避其短。微博、微信作为“微”公开的方式，宜发挥其灵活、机动、小而便捷的优势，发布群众关切的热点信息，而不宜作为法律文书全文公布的主渠道；最后，集中平台公开后，本网站仍可公开一些相关信息。在实践中有一种认识，集中平台公开后，检察院的门户网站就不必再予公开。对此，应考虑到门户网站的定位，以及使用者登录门户网站的需求。一方面，门户网站应提供集中平台自身相关页面的链接，实现门户网站与平台的无缝衔接；另一方面，门户网站作为自身检察信息的专有平台，与集中平台相比更能彰显其个性和特色。因此两者应当各有侧重而不可偏废。

（四）加强考核检查力度，建立健全长效机制

2016年3月，最高人民法院召开专题会议，研究部署破解执行难问题，审议并原则通过《关于落实“用两到三年时间基本解决执行难问题”的工作纲要》，并宣布用两到三年时间基本解决执行难问题，坚决打赢基本解决执行难这场硬仗，努力让人民群众在每一个司法案件中感受到公平正义。助力基本解决执行难已经成为检验司法公正能否实现的一项重要标准，因此，各市（州）在目前制度完善的基础上还应做好以下几项工作。

1. 加强对落实情况的检查与考核

由于领导高度重视，从制度建设方面看，四川省各市（州）解

决执行难的各项制度规范比较完善，法院与其他相关机构之间执行难的合作也不断深化。但是，切实解决执行难的工作难度在于落地生根，一是相关政府部门能否向法院提供准确的被执行人的信息，是否愿意将自己所获知的被执行人的信息与法院共享；二是相关的企业在有可能影响自身利益的情况下，是否愿意配合法院的执行工作；三是法院执行工作自身的规范性能否加强。因此，一方面，在市（州）党委、政府的高度，按照基本解决执行难的相关工作意见对各部门提出的要求加强检查和考核，摒除各部门自身的利益，提高其配合法院执行工作的主动性和积极性；另一方面，加强对法院执行工作的考核和评估，特别是通过第三方，对执行工作质量、效率、执行流程等进行考核，切实提高法院执行工作的规范性。

2. **建立长效机制解决执行难**

虽然，最高人民法院宣布要在两到三年内基本解决执行难问题，但是执行难的解决不是一劳永逸的。通过召开联席会议等方式短期内可以提升执行质效，但是，随着经济形势的发展，法院案多人少情况加剧，执行难仍可能会出现反复和波折，因此，解决执行难需要法院长期的努力和整个社会长期的关注与支持配合，可以说解决执行难这项工作“永远在路上”。因此，建议要建立解决执行难的长效机制，例如，对执行工作进行长期监测和评估，对提升执行质效的先进做法予以总结，对配合解决执行难的相关机构予以表彰；同时，在执行质效下降时，及时进行预警，分析问题，提出对策建议，对于不积极配合解决执行难的相关机构则应追究相应的责任。

第七篇　社会法治

一　评估概况

党的十八届四中全会指出，“全面推进依法治国，基础在基层，工作重点在基层”。推进基层治理法治化，是依法治国方略在基层的重要组成部分，对于推进国家治理体系和治理能力现代化、维护改革发展稳定大局、全面建成小康社会，具有十分重要的意义。四川省高度重视社会法治建设，抓好依法治理，强化底线思维，确保社会大局和谐稳定，注重以法治思维和法治方式化解矛盾、解决问题，不断提升治理体系和治理能力现代化水平。本次评估中“社会法治”一项集中展现了四川省依法治省行动在基层取得的成效，同时也反映出一些问题，为四川省进一步践行依法治省、提升治理水平提供了有益的参照。该项评估的结果也为其他地方基层依法治理提供了经验。

本部分评估指标分为三个板块：“三条底线”、法治宣传教育、基层依法治理，其下设 9 个三级指标和 14 项四级指标（详情见表 18 评估结果见表 19）。

表 18　**社会法治评估指标**

二级指标	三级指标	四级指标
“三条底线”（20%）	社会稳定（20%）	藏区反分维稳（30%）
		彝区禁毒防艾（30%）
		特大城市和区中心城市反恐防暴（40%）
	安全生产（40%）	安全生产预案（100%）
	食品药品安全（40%）	食品药品安全预案（100%）

续表

二级指标	三级指标	四级指标
法治宣传教育（40%）	“法律七进”推进情况（10%）	“法律七进”推进情况（100%）
	“谁执法谁普法”责任制落实情况（10%）	是否建立普法工作责任分解表（100%）
	“七五”普法推进情况（80%）	普法人员（40%）
		普法经费（40%）
		普法覆盖率（20%）
基层依法治理（40%）	村规民约（居民公约）制定情况（30%）	行政村是否都设立公约（50%）
		居民社区是否都设立居民公约（50%）
	基层法治示范创建情况（30%）	法治示范区县建设（100%）
	“一村（社区）一法律顾问”落实并发挥作用情况（40%）	村（社区）是否配备法律顾问（100%）

表 19 **社会法治评估结果**

排名	市（州）	总分	“三条底线”（20%）	法治宣传教育（40%）	基层依法治理（40%）
1	攀枝花	100.00	100.00	100.00	100.00
1	资　阳	100.00	100.00	100.00	100.00
3	成　都	99.20	100.00	100.00	98.00
4	南　充	98.72	100.00	96.80	100.00
5	德　阳	97.44	100.00	93.60	100.00
5	内　江	97.44	100.00	93.60	100.00
5	宜　宾	97.44	100.00	93.60	100.00
5	雅　安	97.44	100.00	93.60	100.00

续表

排名	市（州）	总分	“三条底线”（20%）	法治宣传教育（40%）	基层依法治理（40%）
5	眉　山	97.44	100.00	93.60	100.00
5	达　州	97.44	100.00	93.60	100.00
11	广　元	96.16	100.00	90.40	100.00
11	乐　山	96.16	100.00	90.40	100.00
11	泸　州	96.16	100.00	90.40	100.00
11	凉　山	96.16	100.00	90.40	100.00
15	广　安	94.88	100.00	87.20	100.00
15	巴　中	94.88	100.00	87.20	100.00
17	绵　阳	94.08	100.00	87.20	98.00
18	遂　宁	93.60	100.00	84.00	100.00
19	自　贡	92.32	100.00	80.80	100.00
20	甘　孜	92.00	100.00	100.00	80.00
21	阿　坝	89.92	100.00	96.80	78.00

二　亮点与创新

（一）守住“三条底线”

四川省在依法治省过程中特别强调要牢牢守住社会稳定、安全生产、食品药品安全三条底线。

1. 维护社会稳定

“利莫大于治，害莫大于乱”。稳定是人民安居乐业的基础，而人民则是维护稳定的主导力量和基石。当前社会总体是稳定的，但是不稳定因素依然存在。四川省是多民族聚居的省份，是全国最大的彝族聚居区、第二大藏族聚居区。由于历史、地理等方面的原因，彝区、藏区经济、社会发展不平衡，总体呈贫困落后状态。如何通过法律手段改善彝区、藏区民生，维护其长治久安，是四川省法治建设需要面临的特殊难题。

四川藏区所含甘孜藏族自治州、阿坝藏族羌族自治州和木里藏族自治县（属凉山州）均出台了相应制度措施，针对特殊敏感时期和突出矛盾因时因地制宜，妥善化解矛盾，藏区社会基本稳定，整体态势良好，为藏区经济进一步发展、各族人民生活的改善奠定了坚实的基础。藏区良好的社会秩序得益于三州州委、州政府的高度重视，坚决贯彻中央“依法治藏、富民兴藏、长期建藏、凝聚人心、夯实基础”的战略方针，把藏区依法治理作为事关大局全局的重大工作来抓，把维护祖国统一、加强民族团结、高扬法治旗帜作为着眼点和着力点，将推动发展、改善民生、维护稳定作为工作的出发点和落脚点，构建了“发展稳定民生”三件大事一起抓的工作格局。各州推行领导责任制，形成由上至下的层层保障，确保对突出问题及时研判、及时部署、及时化解。

在解决藏区社会治理难题过程中，法治理念功不可没。首先，用教育推动“开化”，严格实施《教育法》，推进15年免费教育全覆盖，努力提高藏区群众脱贫致富奔小康的综合素质。其次，用改革推动“开放”，以法治的方式推动藏区与内地交流、交往、交融。再次，用法治推动“开明”，深入开展藏区“法律七进”、基层法治示范创建和社会依法治理。最后，用创新推进“开拓”，以法治理念发展特色旅游业、现代农牧业和绿色工业，构建从草场、牧场到工厂、市场的全价值产业链条，推动藏区在法治轨道上实现同步全面小康。此外，四川省扎实推进寺庙依法管理提质增效，深入开展百名法官、法律专家进寺庙、高僧大德现身说法、同心律师服务三大活动，通过创建和谐文明寺庙促进僧尼信众与党和政府同心同德同行同向。在法治理念引领下，藏区社会的发展能够有效缩小其与其他地区在经济收入等各方面的差距，而差距的缩小能够使藏区群众真正享受到改革与发展带来的实惠，从而团结一致谋发展，社会环境在积极进取的氛围中得以和谐稳定。

在具体的工作中，各地都有自己的特色和有益的做法。如阿坝州藏区工作呈现强化源头治理、重视点面结合、发挥示范效应的特点，能够对各类矛盾精准“把脉”，对重点地区和人员严格管控措施，推广示范县的经验做法带动全州维稳工作质效的提升。再如甘孜州起草了《甘孜州社会稳定评估实施细则（征求意见稿）》，拟对重大项目进行风险评估，并全面落实了涉稳隐患动态排查化解机制，力求将风险管控节点前移，防患于未然。

此外，四川省还重视在维稳工作中积极构建协作机制，积极创建并签署《川甘青三省交界地区五州“厉行法治·共创平安”

边际协作协议》，此举使得地缘相近、肩负共同任务的三个省份在维护社会治安方面不再单兵作战，而是形成合力、协同作战，突破了人为划定的地理界限，从而避免出现由于此种界限可能导致的工作漏洞或摩擦龃龉。

在反恐防暴方面，近年来国际恐怖主义威胁上升，中国社会环境总体向好，但对恐怖主义威胁决不可掉以轻心。四川省各市（州）未雨绸缪，纷纷制定出台相关预案，合理安排辖区内反恐力量，力求做到有备无患。

2. 彝区禁毒防艾

由于特殊的历史原因，再加上近年来国际毒品犯罪猖獗，不法分子向中国渗透，四川省某些地区的毒品问题死灰复燃，与吸毒行为密切相关的艾滋病传播也有加速蔓延之势，禁毒防艾形势严峻。四川省相关市（州）下大力量开展对重点场所、重点人员的清查行动，破获多起涉毒案件，严格执法，深入推进禁种铲毒工作，并加强对吸毒人员帮扶管控工作。此外，各市（州）积极开展禁毒防艾宣传教育活动。例如，由省教育厅统一部署，各市（州）学校积极开展对在校学生的毒品预防教育工作；再如，由各市（州）深入乡镇各社区、村居采取设点宣传、展示宣传挂图、毒品样本、发放宣传资料、举办讲座等方式，宣传禁毒防艾知识，鼓励广大群众提供涉毒违法犯罪线索，等等。部分市（州）在禁毒防艾方面工作突出，有的市（州）注重毒品的预防工作，例如宜宾市坚持“禁吸、禁贩、禁种、禁制”四禁并举和打防结合、预防为主、综合治毒的工作方针，全面强化各项禁毒措施，其工作取得显著成绩。有的市（州）加强了禁毒的制度建设，例如阿坝州人民政府制定了《进一步加强禁毒工作的意见》和《阿坝州禁毒工作责任追究办法》，并出台《阿坝州禁毒委员会成员单位职责任务的规定》，以制度保障禁毒工作落到实处。尤为值得一提的是，阿坝州为了开展新春返乡人员禁毒集中宣传活动，拍摄了禁毒题材微电影《毒线》，以群众喜闻乐见的形式进行宣教，社会反响较好，可谓工作方式的创新与亮点。在艾滋病防治方面，有的市（州）积极探索，积累了大量的实践经验，如凉山州在艾滋病防治工作方面，州政府下发《凉山州艾滋病防治“七大工程、一批中心”实施方案》，大力推进艾滋病医疗救治（公共卫生）服务中心“1+8”项目建设，表明了全州遏制艾滋病的信心和决心，为国家公共卫生政策的出台提供了实践经验。

3. **狠抓生产安全**

《中国国民经济和社会发展第十三个五年规划纲要》提出健全公共安全体系，建设平安中国的目标，其中最为重要的一项就是全面提高安全生产水平，且提出了“有效遏制重特大安全事故，单位国内生产总值生产安全事故死亡率下降30%”的具体要求。

四川省出台多项规定，以严格的制度为安全生产保驾护航，将该项工作纳入法治化轨道。省委省政府和相关部门强化底线思维和责任意识，真正把“党政同责、一岗双责、失职追责”落到实处，以交通、水运、公共场所安全监管及重点生产领域为监管重点，坚决遏制重特大事故发生。全省各市（州）安全监管部门采取明察暗访、交叉检查、跟踪督办等多种方式，在不同层级全年多次开展执法检查和针对特定行业领域的专项执法行动，对发生过事故和存在重大隐患以及多次查出重复问题的企业，加大检查频次和力度，对存在安全隐患且屡教不改的企事业单位及相关责任人坚决依法惩处，做到应罚必罚和“闭环”执法。此外，四川省于2016年建设完成安全生产综合预警云平台一期工程，搭建了全省安全生产综合预警云平台基本框架，建立了综合预警基础数据库，现已通过验收。各市（州）对安全生产均保持着足够的重视。如成都市就此项工作专门出台了《成都市“十三五”安全生产规划》，明确提出“到‘十三五’末，建立较为完善的安全生产责任体系、隐患排查和预防控制体系、应急救援体系‘三大体系’，全面提升安全生产治理法治化、科技化、社会化水平，建设成为国家安全发展示范城市”的任务目标。

周密详尽的预案对于规范企业安全生产事故应急管理，提高处置安全生产事故能力，最大限度地减少生命健康和财产损失具有重要作用。目前，四川省各市（州）基本都已制定了安全生产预案。安全生产预案能够在发生安全生产事故时提供规范的应急管理和应急响应程序，以便应急救援工作及时、有效、有条不紊地施行，达到及时处置事故，最大限度地减少人员伤亡和财产损失、切实保护人民群众切身利益的目的。

这种事前积极预防，事中按照预案及时处置，事后追责的工作思路使得各市（州）的安全生产工作均取得了一定实绩，较往年有所进步。如绵阳市2016年1—9月安全生产事故数量、死亡数、受伤人数与去年同期相比分别下降19.2%、18.2%、16.0%；再如，宜宾市2016年1—10月安全生产事故较2015年同期起数下降5.6%，死亡人数下降9.2%，受伤人数下降7.0%，直接经济损失下降6.2%。

4. 保障食药安全

民以食为天，食品安全大于天，药品安全更是关乎每一个人生命健康的大事。饮食用药能否安全无忧是人民群众关心的头等大事，也是对各级政府执政能力的重大考验。食品药品安全既是民生问题，又是社会问题，更是政治问题。近年来，全国范围内食药安全问题频发，食品安全门事件层出不穷，黑疫苗案件引爆社会舆论。党和国家空前重视食药安全，下大力量予以整治。《中共中央关于全面深化改革若干重大问题的决定》指出，要完善统一权威的食品药品安全监管机构，建立最严格的覆盖全过程的监管制度，建立食品原产地可追溯制度和质量标识制度，保障食品药品安全。习近平同志指出，要用最严谨的标准、最严格的监管、最严厉的处罚、最严肃的问责，加快建立科学完善的食品药品安全治理体系。

四川省在推进食品药品安全管理工作中，探索全程留痕可追溯方法，落实企业主体责任、部门监管责任、社会监督责任，力求守住食品药品安全底线。各市（州）重视食药安全工作，食品药品安全委员会全力将工作落到实处，大部分市（州）均出台了食品安全突发事件应急预案，部分市（州）同时具备药品和医疗器械安全突发事件应急预案；一些市（州）开展针对食品、药品的专项整治行动，成效显著。例如，德阳市完善问题发现机制和预警应急预案，建立问题清单和整治台账，探索建立品牌企业和黑名单制度，全过程保障食品药品安全。德阳市食品安全委员会于2016年年初发布了《德阳市食品安全追溯体系建设指导意见》《德阳市2016年食品安全工作督查计划》，德阳市食品药品监督管理局则在总结2015年工作得失的基础上提出了2016年工作要点。2016年，德阳市食品安全委员会和德阳市食品药品监督管理局开展了针对植物油、学校食品安全、农村食品安全、农产品批发市场、药品流通领域等方面的专项督察执法活动，并通过“餐饮服务环节‘明厨亮灶’工程”“‘百家诚信示范药店’创建活动”“食品安全‘你点我检’活动”等多种形式推动食药安全工作的顺利开展。

（二）注重法治宣传教育

“厉行法治，普法必须先行”。四川省认真落实中央“法律的权威源自人民的内心拥护和真诚信仰”重要指示，把增强法治意识作为抓好依法治省的重要基石，以厉行法治推动信法守法。全省分类别、分层次、分对象推进“法律七进”，使法治宣传教育“进得去、落得下、见实效”。各市（州）法治宣传教育工作完成情况良好，其中成都、攀枝花、资阳、甘孜四市（州）表现较为突出。

1. 坚决落实“法律七进”

“六五”普法以来，四川省在全国“法律六进”的基础上创造性地增加“一进”，即“法律进寺庙”，变“法律六进”为“法律七进”，送法进基层，把法治文化宣传教育融入基层社会治理，并把普法与关键少数的学法考核同步推进，在潜移默化中使法治深入人心，成为关键少数执政、治理和人民群众行为的潜意识。“法律七进”是指法律进机关、进学校、进社区、进乡村、进寺庙、进企业、进单位，四川省司法厅制定了《四川省推进“法律七进”工作方案》，并于2014年联合四川省委宣传部出台《四川省“法律七进”三年行动纲要（2014—2016年)》，把推进“法律七进”所需普及的重点法律知识进行了逐年、逐项、逐条安排，列出菜单式普法大纲，增强法治宣传教育工作的针对性、实效性，将“法律七进”落到实处。2016年是该行动纲要的收官之年，是考核“法律七进”工作成效的关键之年。四川省各市（州）在该行动纲要的引领之下落实“法律七进”情况普遍较好，并具备如下特点。

第一，注重制度先行。着手完成某项工作之前首先建章立制，既能够为该项工作指明工作进路，合理谋划布局，也能够为其高效顺利进行提供制度保障。在推进“法律七进”过程中，一些市（州）不约而同地选择首先制定工作计划、细则，再按照既定步骤有条不紊地推行。如成都市印发《2016年成都市推进“法律七进”重点项目》，明确“法律七进”的12项重点工作，修订完善《推进“法律七进”工作考核标准70条》。雅安市编制“法律七进”三年行动计划，分类制定“每进”推进方案。这些制度将看似复杂的任务按照时间、类型进行分解，细化实施流程节点，使其具有可操作性。

第二，聚焦人才培养。四川省依法治省领导小组办公室、省委宣传部、省司法厅、省民政厅联合下发了《关于深入推进“法律进乡村、进社区”的实施意见》和《深入推进“法律进乡村、进社区”工作方案》。其中明确提出，将大力推进乡村、社区“六个一”工程，在每个乡镇（街道）设立一个法律援助工作站，每个村民小组（居民楼栋）培养一名“法律明白人”。截至2016年年底，四川省已培养“法律明白人”48万余人，让基层群众有了身边的法律“智库”，逐渐解决群众维权不知如何“用法”的“最前一公里”问题。在法律进乡村、进社区中，四川省各级政府和司法部门聚焦基层“法律明白人”的培养，这些扎根基层的法律人才由经过司法培训的退休干部、骨干农民、村组干部等组成，既是学法带头人也是法治宣传人，既是第一线的群众也能最大限度地贴近群众，为群众日常生活中常见的法律问题答疑解惑，定纷止争。其工作同群众“零距离”“接地气”，因而在法治建设过程中达到了“润物无声”“水滴石穿”的效果。

第三，形式创新多样。“法律七进”为普法工作指明了方向，而具体采用何种形式普法则考验普法工作者的执行能力与工作中的创造性。四川省各市（州）开展的相关活动多种多样，丰富多彩，充分展现了普法工作者对这一工作的高度重视及其聪明才智。一些人民群众喜闻乐见的形式被广泛运用到普法工作中，如“清凉之夏·法治电影进乡村（社区）”活动精选《迷信害人》《农村防范拐卖妇女儿童》《青少年犯罪之家庭预防》《赡养老人与遗产继承》《无效婚姻》《致命的诱惑》《酗酒的危害》等法治电影，利用群众消夏休闲的时间，将法律知识送到基层，使广大群众，在家门口就能接受法治教育，在娱乐中感受法治精神，在潜移默化中增强法治意识。另外，拍摄法治微电影，法治大篷车基层行，法治文化主题公园、主题广场、主题茶园建设等普法形式也是别出心裁，群众反响较好。

党的十八届四中全会提出要把法治教育纳入精神文明创建内

容，开展群众性法治文化活动，健全媒体公益普法制度，加强新媒体新技术在普法中的运用，提高普法实效。在各级政府积极推进“互联网+政务服务”改革，政务新媒体建设急速推进的大背景下，四川省“两微一端”新媒体普法平台在部分市（州）收效良好。宜宾市“两微一端”普法成效明显。拥有近30万用户的市级重点新闻客户端“掌上宜宾”开设了“指尖普法”微专题，定期推出普法宣传报道。“宜宾发布”官方微博、微信平台，同步开设了“指尖普法”微博话题和“法治宜宾”微信板块，“指尖普法”微博话题阅读量、评论条数均创新高，“法治宜宾”微信板块则链接到“宜宾市人民政府法制办公室”专题网页，实现了PC端与移动端的有效融合，切实营造了浓厚的法治环境。

第四，形成协作机制。四川省依法治省，各市（州）依法治市均建立了专门的领导机构。同时，各有关部门也纷纷参与其中，协同联动，依法治省治市工作全方位、立体化推进。在“法律七进”工作落实过程中，攀枝花市在全市构建了依法治市办统筹协调、市司法局负责推动、相关部门具体牵头、各单位广泛参与的工作推动机制；宜宾市由市司法局牵头抓总，市委宣传部、市委统战部、市委农工委、市直机关工委、市教育局、市民政局、市国资委和市工商局、市住建局、市房管局分别负责每一进工作，全市形成分工负责、分类指导、市与区县互动、合力推进的良好格局。

第五，因时因地制宜。在成都、德阳、绵阳等经济发达地区，法律宣传主题集中于产业园区建设、金融证券、知识产权保护、合同法等方面；在广元、达州、巴中等经济欠发达地区，专门出台法治扶贫的文件意见，重点宣传土地流转、民生改善、社会保障等方面的法律法规；在甘孜、阿坝、凉山等民族地区，以维护团结稳定为重点，专门出台藏区、彝区普法纲要，重点宣传宪法、刑法和民族宗教、禁毒防艾等法律法规。在服从省委、省政府和依法治省办公室统一领导的前提下，部分市（州）在“法律七进”工作中结合当地实际情况和特殊领域的特定需求，走出一条独具地方特色的普法道路。宜宾市在“法律七进”的基础上，结合当地实际，增加了法律进楼院、景区、网吧、工地、公共场所“五进”，“法律进景区、工地”是从宜宾为川南地区旅游大市、工业大市的实际出发；而“法律进网吧、楼院、公共场所”这“三进”是在原有“七进”基础上，深入基层抓落实，将普法范围再扩大、再细化。甘孜州是一个以藏族为主体民族的地级行政区，为使普法活动在少数民族群众中收到实效，全州司法行政系统共组建“双语”法治宣讲团20支；鉴于行政区域内藏传佛教文化兴盛、寺庙分布广泛，甘孜州在僧尼培训班中开设法治专题培训50场次，设立寺庙法治宣传专栏332个，建设寺庙法律图书角283个，编制寺庙普法读物68种，建设寺庙法律服务联系点325个，培养寺庙“法律明白人”673名。宜宾市针对学校教育的特点和青少年的心理特征，在“法律进校园”工作中采取普法教育评选课、举办法治文艺比赛、法治黑板报和法治手抄报等多种形式，灵活开展法治教育系列活动，落实校园法治文化建设，做好一馆、一廊、两报（黑板报、手抄报）工作，建立和完善了学校、家庭、社会“三位一体”的青少年法治教育网络。

第六，切实督促考核。普法工作领导部门不能做“甩手掌柜”，只有适时的督促与考核才能发现工作中出现的问题，才能保证取得实际效果。四川省对普法工作的考察，坚持事先不发通知、不打招呼、不定时间、不听汇报、不用陪同的“五不原则”，每季度至少组织一次暗访；按照“法律七进”考核暂行办法，通过听取汇报、核实台账、随机抽查、量化打分、工作通报等方式，对“法律七进”工作督促考核，对21个市（州）进行综合排名，对排名靠前、成绩突出的给予嘉奖，对名次靠后的进行通报、约谈。宜宾市对照《四川省司法厅2016年度全省司法行政系统绩效考评办法》《宜宾市依法治市2016年工作要点》，由市司法局将牵头的“七五”普法等工作进行认真梳理，倒排期限，将责任、任务落实到部门和人头，与各县（区）签订目标责任书并加大法治宣传教育工作的考核权重。攀枝花市将“法律七进”工作情况纳入年度依法治市工作考核。德阳市积极开展专项督查，并及时通报情况。上述督促考核机制确保“法律七进”各项工作落到实处。

2. 贯彻“谁执法谁普法”责任制

党的十八届四中全会提出要实行国家机关“谁执法谁普法”的普法责任制，是在新形势、新常态下对普法工作提出的新任务、新要求。四川省司法厅抓住执法部门这一普法关键主体，制定《关于进一步完善“谁执法、谁普法”工作机制的实施意见》，明确普法执法部门的普法责任和工作要求，要求上下联动和属地管理相结合，日常宣传和集中宣传相结合，执法办案和普法宣传相结合。要求各市（州）建立普法责任清单制度，健全完善法官、检察官、行政执法人员、律师等以案释法制度，使案件审判、行政执法、纠纷调解和法律服务的过程成为向群众弘扬法治精神的过程。各市（州）基本都已建立普法工作责任分解表，细化分工，明确责任，将普法责任落实到每一个节点和每一个责任者。

德阳市落实“谁执法谁普法”责任制，全面建立普法责任清单，就此专门出台了多个文件，如《德阳市国家机关“谁执法谁普法”责任制实施细则（试行)》《关于建立“谁执法谁普法”普法责任清单的通知》《德阳市落实“谁执法谁普法”责任制考核评价办法（试行)》《德阳市落实“谁执法谁普法”责任制考核自查表》等。文件中规定了严格的对该项责任制的考核评价步骤，主要包括任务申报、自我评价、实地核查、综合考核、审核通报五个环节，并就考核评价标准进行了详细的说明。德阳市不仅对“谁执法谁普法”进行督促检查、自查，还鼓励引入第三方评价机制，公平公正客观地对责任落实情况及其成效进行考核评估，并加强对考核结果的运用，此举对其他地方落实“谁执法谁普法”责任制不无借鉴意义。

绵阳市按照《绵阳市落实“谁执法、谁普法”工作机制的实施意见》，严格市级各党政机关部门法治宣传教育工作主体责任意识，坚持把各级领导班子、领导干部带头学法、模范守法、严格执法、依法决策作为在全社会树立法治意识的关键。健全国家机关、领导干部、国家工作人员“普法责任清单”和“权力边界清单”制度，推进各级部门单位落实普法工作。按照中央、省市《关于完善国家工作人员学法用法制度实施意见》的要求，制定出台《绵阳市国家工作人员学法用法制度实施方案》及其考核制度，促进公职人员学法用法。督促各级各部门建立健全“以案说法”制度，用身边案例教育身边群众。

3. 大力推进“七五”普法

四川省委、省政府下发《四川省法治宣传教育第七个五年规划（2016—2020年）》，为四川省“七五”法治宣传教育绘出路线图和时间表。该规划明确了四川省“七五”普法的主要目标、主要任务。该规划是对全国规划的细化，内容上又同时具备富有地方特色的诸多亮点。如增加学习宣传地方性内容；采取当地群众喜闻乐见的宣传形式，通过创编人民群众喜闻乐见的法治川剧、法治话剧、法治小品、法治歌曲、法治快板书等法治文艺作品，讲好四川法治故事；在健全完善普法责任制方面，提出落实立法听证、专家咨询论证、公开征求意见等制度，让公民在有序参与立法的过程中增强法治意识；在推进法治宣传教育工作创新方面，提出政府机关、社会服务机构对外服务窗口增加法治宣传教育功能，在各级政务服务和公共资源交易服务中心设立法律服务专区；等等。

在普法人员队伍建设方面，2016年四川全省各类社会组织、法律服务人员、高校师生、企业和社区群众积极参与公益普法，组建义务普法团体4000多个、普法志愿者14万余人。仅成都市，就有普法专职人员95人，普法讲师团1047支7022人，法治宣传志愿者队伍2627支28944人，法治文艺小分队2374支27090人。资阳市全市已发展市县乡村四级普法骨干12000人，普法维权志愿者1500人，法学会会员近1000人，法治宣传协会会员560名，法律明白人2万余人，形成一支规模宏大、专群结合、遍布城乡各领域的普法队伍。四川省普法人员队伍壮大之势由此可见一斑。

充足的经费保障是普法工作顺利进行的物质基础。《四川省法治宣传教育第七个五年规划（2016—2020年）》要求，各地要把法治宣传教育工作经费纳入本级财政预算，切实予以保障，并建立动态调整机制。各部门（单位）要统筹安排经费，切实保障本部门（单位）法治宣传教育工作需要。各市（州）根据自身经济发展水平和普法任务需求，尽量保证普法资金的到位和充足。经济较为发达的成都市全年普法经费多达1967.07万元。巴中市将法治宣传教育经费纳入本级预算予以保障，并设立动态调整机制。攀枝花市人均普法经费城市1.5元、农村1元。德阳按照市级人口每人0.3元、县级人口每人0.5元核拨普法经费，并随经济社会发展建立逐步增长机制。

（三）推进基层依法治理

四川省依法治省着力打牢基层基础。坚持“落实到基层、落实靠基层”，突出群众主体地位，建立群众参与法治、共享法治工作机制。对接现行基层组织结构，建立以党组织为核心的一核多元、合作共治治理体系；紧扣全面深化改革需要，探索全域全覆盖治理模式；制定实施村规民约、居民公约，构建依法立约、以约治理、民主管理治理良序；深化社区听证、民情恳谈等，完善法治德治自治相融互动治理体制。

1. **村规民约（居民公约）**

德阳市中江县在规范完善村规民约方面取得了显著成效，形成的“中江经验”经四川省委省政府认可，在全省推广。中江县在推进基层治理中创造和推行了“强化领导监督、广泛宣传动员、精心组织起草、反复征求意见、依法表决备案、认真组织实施”的村规民约（居民公约）制定“六步工作法”，有力推进了农村基层民主法治建设。截至评估结束，全省 99.5% 的村、99.6% 的社区都重新修订完善了村规民约和居民公约，形成了依法立约、以约治村、民主治理农村基层治理良好格局，其中一些具体做法可圈可点。

村规民约能否制定好、落实好，村民的参与和支持是关键。中江县把村规民约的制定和实施过程，变成发扬民主的过程、普法教育的过程、依法治理的过程。既充分体现了人民群众的主人翁地位，发挥了人民群众的主体作用，集中了人民群众的智慧和力量，又使人民群众在学法、用法、敬法、守法的过程中增强了法治观念，实现了自我管理。遂宁市村规民约将村（居）务管理变“为民做主”为“由民做主”，增加了村（居）务的透明度，提高了村（居）民当家做主的意识，在村级组织事务中发挥作用。此外，在实践中，村规民约（居民公约）引导村（居）民通过依法自治来解决村（社区）建设和管理的疑难问题，给村（居）民提供了一个更好的权益表达平台，增强了村（居）民的主人翁意识和责任感，调动了广大村（居）民参与城乡建设的积极性、主动性。

制度好不好，落地见真章。资阳市在辖区内村规民约（居民公约）全面建立的基础上，2016 年突出村规民约（居民公约）的操作性和适用性，重点抓好了村规民约（居民公约）的组织实施。雁南社区将老旧居民小区管理和停车位改造纳入居民公约，有效化解老旧小区停车难问题；晏家坝村将砂石车辆违规超限超载、沿途撒落整治纳入村规民约，形成了“五不准”；安岳县五凤村将捐资助学写进村规民约，缓解考上大学贫困家庭学生就学难问题；乐至县旧居村利用村规民约规范景区摊位管理，教育引导陈毅故居周边农家乐及摊点诚信为本，合法经营。

2. 法治示范区县建设

全国法治城市、法治县（市、区）创建活动是党中央、国务院公布“五五”普法规划提出的明确要求，“六五”普法规划推进该项工作深入发展，2008 年活动首创至今近 10 个年头，已在全国范围内落地生根，取得了累累硕果。四川省在全省统筹部署开展“九大创建”活动，以点带面，充分发挥先进地方的模范带头作用，制定指标体系、验收标准和动态管理办法，严格按程序命名了一批法治示范县（市、区）乡镇（街道）、学法用法示范机关（单位）、依法治校示范校、文明和谐寺庙、诚信守法企业等。成都、眉山、绵阳和遂宁 4 个市被评为“全国法治城市创建活动先进单位”；蓬溪县等 43 个县（市、区）被评为“全国法治县（市、区）创建活动先进单位”；中江县富强村等 69 个村（社区）被评为“全国民主法治示范村（社区）”，让全省学有榜样、赶有目标。

成都市印发创建活动通知，成立 1000 名市民观察员队伍，对创建活动进行督促检查。“六五”普法期间，有 8 个区（市）县获全国法治县（市）区创建活动先进单位称号。

宜宾市细化创建工作，对示范点创建工作进行了周密的安排部署，每一“进”具体牵头单位针对示范点的不同情况按照每一“进”的实施意见和工作方案进行分类指导，采取“由点及面，全域覆盖”的工作方法，在“法律十二进”示范点成片打造的基础上，每一“进”具体牵头单位进一步挖掘亮点，培育典型，推荐申报创建省级“法律七进”示范点。

德阳市在全市开展包括法治示范区县在内多层多类法治示范创建活动，对已命名授牌的示范创建单位，实行可进可出的动态管理。各县（市、区）、德阳经开区和各牵头部门应定期或不定期采取跟进回访、学习观摩、定期通报等多种形式，对各示范创建单位进行复查指导。对复查不符合法治示范创建标准的，按照分级管理原则责令限期整改、作出撤销称号（摘牌）决定或向市依法治市领导小组办公室提出建议。市级法治示范创建单位由市依法治市领导小组办公室根据报告情况和变更情况，报领导小组决定对其取消、改变或保留示范称号。对有一票否决情形发生的，有权机关应立即作出撤销称号（摘牌）决定。被撤销称号（摘牌）的，自被撤销称号（摘牌）之日起两年内不得重新申报。

3. “一村（社区）一法律顾问”

四川省探索推行“一村（社区）一法律顾问”制度，通过律师事务所、基层法律事务所与行政村（社区）结对，为村（社区）选派一名律师或基层法律服务工作者。律师和法律工作者担任村、社区法律顾问，现已基本实现村社全覆盖。该制度用法律手段化解基层矛盾，打通法律服务“最后一公里”，将基层矛盾导入法治轨道，让基层法律服务不再“奢侈”。

为保障法律顾问制度落到实处，真正贴近基层群众，雅安市针对法律顾问制度建立“三定一免”工作机制。“三定一免”是指村（社区）法律顾问工作要做到“定人、定时、定点、免费”。定人，即县（区）行政辖区内每个村（社区）都要确定一名法律服务人员或司法行政工作人员、基层司法助理员担任法律顾问；定时，即法律顾问按照与当地约定的相对固定的日期，为村（社区）集中提供不少于一次的法律服务，每次时间不少于8小时；定点，即由村（社区）为法律顾问开展法律服务联系提供既相对固定又方便群众的服务地点；免费，即村（社区）法律顾问当面或通过电话、网络等形式免费解答群众法律咨询，开展法律讲座。

提供基层法律服务需要耗费一定的时间，且家常琐事难免烦琐，如果没有经费补贴，法律顾问的履职积极性则难以调动，工作效果也难以保证。因此，一些经济较发达地区，正在探索政府购买基层法律服务。德阳市旌阳区、广汉市已实施政府购买法律服务。各县（市、区）司法局积极争取政府支持，采用政府购买法律服务和财政补贴的方式，保障村（社区）法律顾问工作经费。旌阳区政府从2013年起，设立专项法律顾问奖励经费40万元，15个乡镇（街道）配套约20万元投入村（社区）法律顾问制度建设。把上述费用划分为奖励和补贴两部分，每年“一村（社区）一法律顾问”经费共计3000元。法律顾问完成全年工作，考核等次为合格以上的，按照1个村（社区）平均2000元的标准发放补贴经费；另1000元奖励经费根据村（社区）法律顾问工作考核等次、工作量、工作完成情况、工作成效等综合因素酌情发给。此举无疑会在充分调动法律顾问工作积极性，保障该项制度持续深入落实方面起到重要作用。

三　发现的主要问题

四川省社会法治建设情况较好，但在本次评估中也发现一些值得关注的问题，如能及时解决，四川省依法治省在社会法治建设方面能够更进一步。

（一）个别领域不够重视，相关工作流于形式

安全生产事故方面的相关数据可以说明问题。在市（州）报送的材料中有如下描述：自贡市全市2016年1—10月共发生事故665起，死亡159人，受伤802人，造成直接经济损失693万元，较可比口径分别下降2.5%、上升12.8%、下降3.5%、下降8.9%，事故四项指标“三降一升”，未发生较大以上生产安全事故，连续142个月实现重特大生产安全事故“零发生”，安全生产形势持续稳定向好。事故四项指标中死亡人数上升12.8%，事关人民群众生命安全，“安全生产形势稳定向好”的结论显得并不恰当。

安全生产四项指标在不同市（州）存在上升的现象，这种现象值得当地和四川省有关部门加以重视，但是除雅安市外其他市（州）各类佐证资料中未见对上述现象进行必要的说明（不排除有说明或工作总结没有提供的情况）或者个别市（州）虽有工作总结，但一味列成绩、表决心，对业已上升的数据视而不见。负责任的有关部门和人员要分析指标数据上升的原因，找准问题所

在，而非以多数指标下降作为形势向好的依据。安全生产无小事，“多数原则”在此处不适用，上升幅度不大也并不意味着相关责任人可以高枕无忧，只有主观上对安全生产足够重视，才能于细枝末节处看到问题的严重性，进而防微杜渐。雅安市对于2016年度安全生产形势的说明，比较清楚地列明了数据上升的根源和需要予以特殊关注的重点领域，说明虽然简短，却能体现出政府部门对人民群众生命财产安全负责任的态度。

（二）公共参与不够充分，基层基础略显薄弱

基层法治工作面向广大群众，也只有依靠广大人民群众的参与和支持才能把工作做好。四川省依法治省、依法治市工作虽取得了一定的成绩，但也存在群众参与不足及由此带来的一系列问题，这恰恰是任何工作都不可或缺的基层基础，是事关法治工作的整体建设水平的基本要素。维护社会稳定可以通过有关部门甚至动用国家强制力，但最终还是要依靠每一个个人，作为社会生活中的一分子，个人如能意识到自己肩负的责任，并规范自己的行为，对不法行为及时举报，在突发事件发生时具备自救互救常识，严守“三条底线”的工作较之仅依靠政府则能取得事半功倍的效果，而在充分发动群众维持社会秩序和稳定方面各市（州）的工作尚显不足。同样的问题也存在于法治宣传教育工作中，有些普法教材内容生硬教条，群众对此不感兴趣，将其束之高阁，更不要提有什么感悟或者互动了；而一些法治宣传文艺节目的制作水准也有待提高。

（三）新媒体运用待加强，传统做法仍是主流

新媒体以其传播速度快、覆盖范围广、极具实效性、生动直观等特点迅速成为大多数人日常生活必备的信息接收渠道，也为

各级政府的宣传工作提供了契机和全新载体。四川省面向基层的法治宣传工作中注重对于“两微一端”新媒体的运用，据四川省司法厅提供的数据显示，全省共开办普法类网站230个，开通微博400余个、微信平台290多个；全省21个市（州）全部开通了普法移动客户端（App）或普法手机报，每年发布普法信息300多万条。在本次评估中，一些市（州）对于新媒体的运用成为其普法工作亮点。但是，相关市（州）的优秀经验未能有效推广，新媒体技术在应用过程中还存在一定的问题，有“量”但“质”有待提高，如运营不够专业，缺乏与公众互动，不能及时回应热点问题等，以至于未能充分发挥其应有作用。

宣传工作传统载体的有关数据可以从侧面说明问题。据四川省司法厅数据，“全省各地各部门结合实际，编写‘法律七进’补充教材、配套读物等1400余种、620多万册”，在市（州）开展的普法、村规民约宣传等具体活动中也经常出现发放教材、传单的记载，可见纸质普法教材依然是公民学法和开展普法活动的主要工具和载体，新媒体则“锦上添花”起辅助作用。纸质媒体在以往的法治宣传工作中确实起到过非常重要的作用，但其自身存在的固有缺点近年来在新媒体技术的反衬下日益凸显，如对资源环境不够友好、形式呆板、灌输为主、携带不便、时效性差、公众对其审美疲劳等。目前，应及时提升新媒体应用质量，并使其逐步替代传统纸质媒体成为法治宣传的主要载体。

（四）普法经费差别较大，欠缺省级统一谋划

从评估结果来看，各市（州）普法经费差距较大。攀枝花市城市每人每年1.5元，农村每人每年1元；成都市普法经费一年1967.07万元，每人每年约合1.4元；绵阳市本级普法经费每人每年约合0.11元；德阳市市区年人均普法经费0.3元，各县最低为0.5元；眉山市年人均普法经费最低标准仅为0.2元。普法

经费投入多少和市（州）经济社会发展水平密切相关，根据2016年四川省各市（州）GDP排名来看，眉山市排名相对靠后，经费不足可以理解，但GDP位居全省第二、第三的绵阳市、德阳市人均普法经费如此之低就难以令人满意，这也是导致其在“法治宣传教育”指标评估中排名不理想的原因之一。实践中虽不乏“少花钱，多办事”的事例，但毕竟这种结果只是出现在少数情况下，依照常理，在符合一地财政支付能力的前提下，经费投入的多少与当地有关部门对该项工作的重视程度有关，也直接影响其工作成效。

上述差异的存在是摆在四川省领导部门（不仅仅是法治部门）面前的一道难题，对于依法治省工作而言，还需要在各个层面予以统一谋划，合理布局，即使是微观层面也应加强顶层设计，才能增强各项工作在具体落实过程中的科学性，避免区域发展不平衡的现象再次出现。

四　完善建议

2017 年是依法治国基本方略提出 20 周年的重要年份，法治前行 20 年，其成果惠及中国政治、经济、文化、社会等各个领域，而最生动直观的展现还要看基层。依法治国的主体是人民群众，依法治国的受益者也是人民群众，其成就如何由人民群众说了算，其成败得失也要从基层实践中进行检验。因此，全面推进依法治国，各项工作一定要落实到基层，扎根基层，而社会法治、基层治理法治化过程中每一个小问题背后都是法治中国建设的大局。从评估结果上看，四川省依法治省行动的基层基础已有良好开端，但对于评估中发现的一些细节问题也不可掉以轻心。在今后的工作中应时刻关注法治工作在社会中的每一个面向，对于法治相关文件做到字斟句酌，充分考察其立场是否明确和用语是否妥当；应尽可能扩大法治建设的公众参与，充分调动群众互动的积极性，形成全社会自觉普法、守法的良性循环；还应紧跟时代步伐，响应互联网时代国家“政务新媒体”等方面的号召，积极探索运用新技术，贴近百姓日常生活，从而占领新的舆论阵地；最后，应统一谋划布局，避免市（州）之间法治工作成绩差距继续拉大，合理分配资源与力量，以期实现四川省法治工作的整体跨越式发展。只有充分意识到基层的“小问题”关乎依法治国的“大格局”，发扬优点改正缺点，才能切实提高治理能力和水平，交出令党和人民满意的法治答卷。

第八篇　法治保障

一　评估概况

建立健全法治四川的保障机制在于切实发挥各级党组织在法治四川建设工作中的领导核心作用，进一步加强对法治建设的统一领导、统一部署、统筹协调，党对法治工作的领导的一个重要表现在于推动法律制度落地、落实。由于多种原因造成的法律制度在社会实践的土壤中“着陆”不充分、“接地气”不足，使得法律“实然效果”与“应然价值”脱节，导致法律在实际运行中被大打折扣，或缺斤少两。实际工作中也普遍存在协调配合不够紧密、基础设施不完善、人员经费保障不足等诸多影响法治建设进程的不利因素。由此，法治保障机制主要是从人、财、物等角度来全方位保障法治工作的顺利推进。

评估指标分为四个板块：人员机构、用人导向、载体抓手、从严管理（具体指标见表20）。

表20　**法治保障评估指标**

二级指标	三级指标
人员机构（10%）	设立依法治理机构（50%）
	建设法治专门队伍（50%）
用人导向（30%）	年度述法（20%）
	法治绩效（40%）
	法治档案（40%）

续表

二级指标	三级指标
载体抓手（30%）	年度考核（30%）
	督查暗访（50%）
	统筹创新（20%）
从严管理（30%）	工作计划（20%）
	通报批评（20%）
	报告领导（20%）
	通报组织人事部门（20%）
	约谈问责（20%）

法治保障机制的建设是四川省推进依法治省的重要基础，强有力的组织和人才保障是法治建设的前提条件。法治保障板块的考察分为4项二级指标：人员机构、用人导向、载体抓手、从严管理。人员机构设置是法治建设的组织工作的体现。考虑到此次是四川省依法治省工作的首次评估，所以对人员机构的考察主要集中在是否设立依法治理机构、是否建设法治专门队伍两个维度。用人导向指标的设置目的是保障法治建设人才队伍。本次评估除了考察四川省干部是否进行述法之外，还需要就述法的内容是否和述法者本人的本职工作相契合进行考察。法治绩效和法治档案两个指标的考核是从干部法治工作的过程和成效两个维度进行考核，本次评估主要关注相关机构是否设立法治档案，法治绩效是否纳入晋升考核指标。监督机制有助于推动法治工作的进展。载体抓手和从严管理两个指标结合了事前的监督预防与事后的纪律处分。载体抓手将年度法治考核与法治工作创新结合起来，既要求领导干部完成常规性的法治工作，又提出进行法治创新的高要求，同时辅助以督查暗访来获取真实的信息。从严管理从工作计划、通报批评、报告领导、通报组织人事部门、约谈问责五个方面进行考察，初次评估的重点在于是否建立了相应的制

度措施（法治保障评估结果见表21）。

表21　法治保障评估结果

排名	市（州）	总分	人员机构（10%）	用人导向（30%）	载体抓手（30%）	从严管理（30%）
1	成　都	100.00	100.00	100.00	100.00	100.00
1	泸　州	100.00	100.00	100.00	100.00	100.00
1	绵　阳	100.00	100.00	100.00	100.00	100.00
1	广　元	100.00	100.00	100.00	100.00	100.00
1	南　充	100.00	100.00	100.00	100.00	100.00
1	宜　宾	100.00	100.00	100.00	100.00	100.00
1	达　州	100.00	100.00	100.00	100.00	100.00
1	巴　中	100.00	100.00	100.00	100.00	100.00
9	乐　山	98.80	100.00	96.00	100.00	100.00
10	德　阳	96.40	100.00	88.00	100.00	100.00
10	遂　宁	96.40	100.00	88.00	100.00	100.00
10	雅　安	96.40	100.00	88.00	100.00	100.00
10	资　阳	96.40	100.00	88.00	100.00	100.00
10	凉　山	96.40	100.00	88.00	100.00	100.00
15	内　江	94.00	100.00	80.00	100.00	100.00
15	眉　山	94.00	100.00	80.00	100.00	100.00
15	甘　孜	94.00	100.00	80.00	100.00	100.00
18	自　贡	93.40	100.00	78.00	100.00	100.00
19	广　安	92.50	100.00	100.00	75.00	100.00
20	攀枝花	85.90	100.00	78.00	75.00	100.00
21	阿　坝	79.00	100.00	30.00	100.00	100.00

二　亮点与创新

第一，各市（州）均建立起了推进法治工作的保障机制。在人员机构方面，全部市（州）都完成了中央和省级政府的要求，建立了相应的机构。治理机构建设中，各市（州）基本建立依法治市（州）领导小组。小组组长为市（州）委书记，负责统筹协调当地法治建设工作。领导小组中，一般由党委副书记任第一副组长，负责日常工作。依法治理办公室一般设立在党委办公室中，主任由县（市、区）委办副主任担任。为了避免机构混杂，一些市（州）整合、撤销了以往的法治建设领导机构。比如乐山市在2014年设立依法治市领导小组时，撤销了原乐山市法制建设领导小组。一些市（州），如德阳市委，根据当前工作需要，在市委办增设法规处作为内设机构。2015年，德阳市根据法治建设专项工作的需要，在原有基础上再增设法治综合科负责市依法治市领导小组办公室的日常工作。

第二，各市（州）均配备了专业的法治人才。专门人员的配备才有助于推动治理机构的运转。目前来看，各市（州）为了充实法治工作的力量，原则上要求县（市、区）依法治理办公室配齐专职人员（不少于2人），市级各部门要确保不少于1人专职从事依法治理工作。而具体的编制落实与硬件配备等方面的问题，留待下面论述。

第三，各市（州）的法治档案完备。四川省各市（州）基本都建立了完备的法学档案，其中详细记载了干部年度学法、用法、守法状况。同时，四川省各市（州）也建立了法治考核体系，重点考察领导干部的“德勤绩效廉”，其中依法治市工作是否落实到位成为领导干部考察的重要依据。

三　发现的主要问题

第一，专门的法治建设机构中的人员力量不够，专业化程度低，相对缺乏独立性编制。法治专门队伍的正规化、专门化、职业化是党的十八届四中全会提出的法治建设的发展方向。目前，四川省在专门法治人员配备上力量仍显单薄。比如，一些市（州）的最高法治建设机构——依法治市领导小组，常常只配备3—5名法治工作人员。尽管领导小组办公室已经相应确立，但小组成员的人数显然不足，法治的统筹工作仍然缺乏具体的落地、落实人员。由于人少事多，有的市（州）不得不通过借调的方式予以弥补。例如依法治市领导小组办公室可根据工作需要，在市委办、市法院、市检察院、市公安局、市司法局和市政府法制办等部门抽调人员，连人带编集中使用。但是这些借调人员对于依法治市工作没有整体把握，无论是理解还是推动均存在一定的问题，同时由于临时借调并不稳定，随时可能借调结束，这对于工作的推进并无好处。

第二，法治档案中的内容不详细，流于形式，内容的真实可靠性未经有关组织认可。各市（州）普遍建立了领导干部的法治档案机制，但是有些市（州）截至2016年12月底仍然没有在管辖范围内全面铺开，只是局限于少数市委级别的领导干部。有些市（州）的档案中的内容流于形式，无法体现出领导干部的法治工作。比如，档案里的学法情况只记录了2008年与2014年的培训情况，内容的随机性较强。更重要的是，目前的法治档案的内容在制度上缺乏最后的认证环节，可靠性、真实性都存在缺陷。法治档案是评价一个干部法治工作重要的基础性材料，其真实性直接决定了干部法治工作评价的有效性。目前来看，法治档案的重要性还未引起重视。

第三，法治档案绩效纳入晋升考核的方式不科学，多数以民主投票的方式实现。四川省级层面发布了《中共四川省委组织部关于改进和完善市县党政领导班子和领导干部政绩考核工作的实施办法的通知》，其中明确提出设置综治、维稳工作、群众工作、法治工作、公共安全等作为市（州）社会治理工作的考核指标。一些市（州）在此基础上进一步加强法治工作对于领导干部政绩考核的重要性。但是，从目前提交的材料来看，有些市（州）将部门的年度述法报告作为个人述法报告提交。法治工作纳入绩效考核的标准不科学，法治绩效是否纳入晋升考核指标，首先要看是否有考核指标，然后才看这个考核指标是否纳入。目前情况如下，有的存在晋职考试，有的存在明确的指标，有的使用民主评估。特别是以民主评估形式来考核干部法治工作情况的做法，混淆了民主与法治之间的界限。

第四，虽然从严管理的制度比较完善，但执行不严，制度之下，仍有违法违纪事件的存在，相应的制度有待细化、落地。以抓住关键少数为中心，四川省各市（州）基本都有相关的制度规定，但表现形式不一。比如在约谈机制建设方面，自贡市建立《自贡市开展党风廉政建设提醒谈话和双责约谈实施办法》，德阳市建立《市纪委约谈市纪委委员、县（市、区）纪委书记、市级部门纪检机构主要负责人暂行办法》，宜宾市则是在《宜宾市依法治市工作责任追究办法（试行）》中做了相关规定。又如在通报批评方面，泸州市以腐败问题典型案件通报和行政权力依法规范公开运行平台监督情况报告的方式展开调研。德阳市又是以依法治市领导小组办公室关于依法治省暗访情况的通报和集中开展依法治省宣传氛围营造情况通报的方式展开。尽管制度完善，但是个别市（州）仍然出现违法乱纪的情况，制度的落实、落地有待加强。

四　完善建议

第一，加强法治考核在干部选拔任命中的比重。《关于完善国家工作人员学法用法制度的意见》提出，把法治观念、法治素养作为干部德才的重要内容，把能不能遵守法律、依法办事作为考察干部的重要依据。探索建立领导干部法治素养和法治能力评估指标体系，将评估结果作为提拔使用的重要参考。学法能否达到预期的成效，关键在于法治考核在实践中所发挥的作用。如何用量化指标来体现抽象的法治观念、法治素养是当前法治考核的难题。除了法律考试的成绩之外，述法述职、情景考察、第三方评估都是比较好的定量考核方式。除了考试成绩作为一票否决的评判标准之外，对于领导干部的法治考核应当放入五年的长时间段来观察。因为法治工作不是一次性的操练，而是长期性的素质培养与思维训练，需要一定时间段的观察考核才能够准确反映领导干部的法治素养。最后，法治考核的结果多数作为任前考察的指标，但是一些市（州）还没有上升为关键性的否决指标。应当进一步加强法治考核在领导干部考核、任用与晋升过程中的作用，从而让学法、考法指引领导干部用法。

第二，建立法治工作常态化报告机制。采用周报、月报等形式，做到公开、透明。法治工作的汇报总结有助于领导了解一年来的机构法治建设情况。目前，一些市（州）采用月报制度，一些市（州）则只有年度述法报告。法治工作是一个长期性的建设工程，有些成效需要经年累月才能显现出来。对于法治工作的评价与指导而言，法治工作报告机制殊为重要。法治工作常态化汇报机制建立在法治档案基础，常态化的运作也有助于法治档案的完善。同时，法治工作的汇报也有助于单位开展自查、自纠活动，帮助相关部门及时改正与推进法治工作。

第三，探索法治工作年度报告制度。针对法治的年度工作计划进行考核时，政府应当发布类似政府信息公开工作年度报告的法治工作年度报告。政府信息公开建设方面，政府信息公开年度报告有助于公众及时了解政府的工作进展与改革进程。同理，法治工作不仅是政府机构自身的法治化，而且以服务人民群众为主要目标。政府在年度述法、法治档案基础上，可以每年度向公众发布法治工作年度报告。报告不仅可以对本年度的法治工作进行回顾、综述，而且可以融入新一年的法治工作计划。法治工作计划的公布，相当于引入了公众监督机制，以公开促改革，以监督促建设。

第四，健全与完善法治考核体系。应当进一步扩大法治考核对象的范围，除了一般领导干部之外，应将处于执法一线的公务人员与相关干部纳入考核对象。党的十八届三中全会提出加强执法人员的法律考核与执证上岗，相应的比例与指标应当作为相关单位的法治绩效考核的组成内容之一。应当将法治考核与其他考核指标相结合，形成一个有机整体。比如，绩效办、政法委可以将普法依法治理工作纳入综合绩效考核评估、社会治安综合治理考核评估内容；又如此前提及的干部学法用法情况则可以纳入领导班子和领导干部年终考核内容，实行述职述廉述法同部署、同安排、同考核；再如，将地方性的法治建设内容纳入年度党组理论学习计划，甚至是党校干部培训学习课程。

第五，完善法治四川建设的人、财、物保障机制。编制部门应当努力通过调剂、增编等方式解决四川省各市（州）及下辖区县的法治建设领导小组办公室事业编制名额；财政部门应当就不同部门、不同地区所管辖面积和人口与法治工作的复杂程度统筹分配财政支持。

第六，健全和完善法治四川建设协调配合机制。加大法治建设工作计划与工作成效的公开与影响力，对于年度法治工作的成效，应当综合运用电视法制专栏节目、报纸法治专栏、法治工作内刊、法治门户网站、手机客户端等信息传播渠道；法治工作的推进应当与社会中的法治文化的形成密切相关。应鼓励各类文化团体、组织和个人开展形式多样的法治文艺创作和演出活动，向群众宣传年度法治规划，总结年度法治工作的进展与成效。建立群众对法治工作的反馈渠道与机制，满足人民群众对法治工作的新期待、新需求。

结　语

总体来看，四川省坚定不移地贯彻中央依法治国重大决策部署和习近平总书记系列重要讲话精神，始终坚持党的领导，坚定不移走中国特色社会主义法治道路，把全面深入推进依法治省作为协调推进“四个全面”战略布局的重要组成部分，把法治贯穿于改革发展稳定全过程的各个方面。在依法执政、人大制度、法治政府、司法建设、社会法治、法治保障等方面，四川省建立起了较为完善的制度框架，为法治的深入发展与扎实推进奠定了良好的基础。

在依法执政方面，四川省对党委领导和支持人大、政府、政协、法院、检察院依法依章程履职尽责进行规范。四川省严格贯彻中央关于“领导干部是全面依法治国的关键”科学判断，把提高执行力作为头等大事。为此，四川省各市（州）通过学法考勤、会前学法等措施提高领导干部的学法效果，通过法律顾问保证领导干部决策的合法性，通过责任倒查和终身追究完善领导干部追责体系。通过一系列学法、考法、用法的举措，四川省各市（州）的领导干部强化了法治意识，增强了法治观念，提高了依法执政的能力和水平。

在人大制度方面，一方面，四川省各市（州）加强人大监督，构建以及时听取审议专项工作报告为抓手，以人大讨论、决定重大事项和询问、质询、罢免制度为载体，以“一府两院”监督、预算执行监督、国有资产监督、法律法规实施和依法治理监督为主要内容的监督体系；另一方面，四川省强化人大代表履职，不仅邀请代表列席常委会，而且还加强代表培训，保障代表活动经费，设置代表基层联络点。可以说，四川省各市（州）人大充分利用了宪法法律赋予的职权，发挥了应有的作用。

在法治政府建设方面，四川省紧扣法治政府、创新政府、廉洁政府、服务型政府建设目标，将依法行政作为政府行政权运行的基本原则，突出“简政放权、放管结合、优化服务”主线，综合运用“权力清单”“责任清单”“负面清单”划定政府与市场、企业、社会的权责边界，统筹抓好履职尽责、依法决策、行政执法、政务公开、行政监督五件大事，构建系统完备、科学规范、运行有效的依法行政制度体系。

在司法建设方面，四川省各市（州）严格按照中央司法改革的部署，健全并落实领导干部干预司法活动、插手具体案件处理的记录、通报和责任追究制度，建立健全并落实司法人员履行法定职责保护机制，保障司法机关能够依法独立公正行使审判权和检察权。此外，四川省各市（州）把改革作为破解司法深层次问题的根本动力，以破解生效判决执行难、庭审实质化改革难、“两法衔接”难等实际难题为重要抓手，以提升执法司法公信力为最终目标，全面推进严格执法、规范司法、阳光司法和廉洁司法，用信息化促进执法规范化、引领司法现代化，推动实现政治效果、社会效果和法律效果的有机统一。

在社会法治建设方面，四川省坚持联动融合、开放共治，坚持民主法治、科技创新，统筹推进专项治理、源头治理、系统治理、综合治理、依法治理，探索基层治理体系和治理能力现代化体系建设。四川省各市（州）一方面严守“三条底线”，保障社会安定有序；另一方面创新普法方式，扩大普法范围，增强法治宣传教育的效果。

在法治保障方面，四川省加强了党对法治工作的领导，将依法治省工作作为全省发展战略，发挥了各组织机构的协调机制，共同推进法治建设。四川省各市（州）在人、财、物等方面为法治建设提供了硬件和软件支持，普遍建立了专门的依法治市工作机构，加大了法治建设的经费保障。此外，四川省各市（州）将年度述法、法治档案、法治绩效等内容作为考察干部的重要抓手，督促各级领导干部严格依法办事，认真依法履责。

法治并非一蹴而就，不可能经过短短数十年便将法治建设成功；同时法治亦不存在固定模式，不可能完全照搬其他国家的经验、照抄其他地区的做法。以四川为代表的各个地方，在推动依法治理的过程中，需要不断总结经验，砥砺前行，克服法治道路上的艰难险阻，才能更好地发挥法治的引领和规范作用，释放经济社会活力，实现人民幸福安康和国家长治久安。